明清科考墨卷集

第三十冊

卷八十八
卷八十九
卷九十

林祖藻 主編

蘭臺出版社

第三十冊 卷八十八

湯一征自葛始

王者興師必正大義于發端之始而後心事之光明可以懸日月而昭揭于天地何則聖人雖智勇天錫然必不得已而後用兵非遂義舉則名不立非遇亮惡則氣不奮故事不輕舉兵不輕試蓋其慎也湯之征葛豈得已哉乃湯不樂于用武而征于是始夫天下惟始其事之為難耳師出無名則義士抗節而不回雄傑角材而並立使葛無可伐之罪而湯非伐葛之人則雖載旆秉鉞如火烈烈其與後世強凌弱衆暴寡者何以異而何以云征也夫征者上伐下也湯未為下于則猶然數國耳何征之有征之云者見葛實有當伐之罪而為

王者奉上帝之命以行天罰故征不止于葛而征實于是始也向（劉清暖論式）使葛而有悔過之心不肆虐于童子則湯亦不至急加兵于葛湯之一征葛有以迫之而速之始者故曰自葛始也夫用兵而曰征湯隱然有天子之明威故車甲旌旗皆載聖人之德以出而如雷如霆（還正面）害驚者不止于葛矣抑葛有不可逃之天討[illegible]舍穡稱干無非聖武之布昭而誕告萬方割正者先攻于葛矣夫初征之時大義昭兵（推開一層）咸振征始而帝命之式亦于是而始矣九有之截亦于是而始矣于尾蕪弱攻昧取亂侮亡之事無不于是始矣嗚呼慎厥終惟其始湯于始事無所不慎而況用軍行師之大爲者哉

湯之盤銘曰苟日新日日新又日新
康誥曰作新民詩云周雖舊邦其命惟新　□□□

湯之盤銘曰苟日新日日新又日新康誥曰作新民詩云周
雖舊邦其命惟新

稽古聖之新民、前言可述而志也、夫銘言自新、誥言新民、詩言新命、皆所以明明德于天下也、新民者盖先稽之三聖乎、伊上古之初、肇自昊穹、作民歷選列辟、未有不欲留爽闇昧、咸耀乎光明者也、而要必以本諸身者徵諸民、乃克靈承旅而靈承帝載、稽古訓其賾可得而探也、如盤銘康誥周詩是已、廣淵齊聖之姿、勇智自由於天錫、説者謂湯有武王之號、為治壹皆以駿肅其操、風化也尚猛、猛則進鋭、憂其退遠、求其炳然常新也難矣、乃無從匪彝、彝

主

即惱溼昔有成湯陟丕釐上帝之耿命焉盤銘不云乎苟日新日日新又日新鼎以取新革以去故滌身以底于純震取其游離取其重洗心以藏于密故天乙即位在帝癸十五年日新不必自此始放桀居亳在成湯十八年日新不必自此終也仲虺美日新而作誥伊尹準新德以訓王則懿鑠隆茂又誰及肇修人紀之功哉奮鉞南單而後新朝一煥其鴻猷誥者謂衛在邶鄘之間遺墟雜歌舊俗其染紂惡也最深深則餘風浹于肌髓冀其幡然從新矣乃聃季授土陶叔授民用康乂民惟聽聽祖考之遺訓焉誥不云乎作新民其畢棄咎朕心朕德惟乃知其勑懋和厥邦

民惟游叙女近則武王十五年明大命于沬邦而腥乃以滌逺
成王三年遷殷民于洛邑而四方無虞也雖民僅見于名誥殷
偶紀之君陳而鼓舞奮興不早覩厥殷丕作之盛哉有部肇迹
以來西土以安于藩服說者謂周自台璽以來數世而始至不窋
其得天下也乾遷遷則氣象安為故常期其煥然丕新也難矣乃
龍飛吁卜鸞鷟徵祥惟我文考若日月照臨于四方焉詩不云乎
周雖舊邦其命惟新十五王積功累德縱已克享夫天心五十年
肅廟雍宮不啻始承乎帝謂故命竝圖已在鹽夷十九年必以文
下十二年鳳鳴為克昌之始命組紺已在祖甲十三年必以帝辛

湯之盤銘曰苟日新日日新又日新
康誥曰作新民詩云周雖舊邦其命惟新　□□□

三十三年專征爲受命之符也太誓曰命我文考武成曰誕膺天
命而通微合漢不遠邁愿文克配之休哉君子察于此二者可以
有志于極矣
光氣熊熊弟鑽識

四

湯之盤銘曰

商有新民之主即一盤不敢忽也夫欲新乎民在湯爲甚難然兢業
意不可干盤銘見乎且夫大人應運而興則救民水火之中潔身
宣所致計矣然未有不先自治而能與天下更始者當年憂勤惕厲
之衷不可于小物見其寓意乎吾今有感于湯人君繫舉非常而好
大喜功必其志之荒也夫隙之所開豈在大乎而湯則謹之于微矣
人主好言大略而肆志從情知其積之淺也夫志有所切與弗寧焉
而湯更寓之于物矣即知一盤湯且有所銘也即此一銘湯且謹于
盤出凡人之心[illegible]于盤所寄無所寄則未久而即衰惟湯以

小題文

寄之一盤遂不去平生所以爭自濯磨者皆不外此銘也日益則如是心也凡人之心莫患乎無所聚無所聚則歷久而必變惟湯以其心聚之一銘遂不啻衆畢生所以爭自濯磨者皆不喻此盤也是心則無之非銘也今湯已往矣即盤可以見銘即銘可以見湯盤也遠言煙猶將見其盡二盤可以概銘一銘可以概湯即時殊代易不能泯其指是故承有桀之亂人心幾危矣湯不能無憂患焉乃危思乎以安盤亦若代湯以言心焉去舜禹既遠道心甚微矣湯不能無憂患焉而微者欲使之著盤又若借銘以言湯焉湯之自新其即湯之新民也夫

方是日小異人

以浚銘字

本源意

主論俱見關涂

得逆

有評

步步照定新字不從作說卜填出諸題○而下文三句精神俱已流露○思致究刻筆底自有光芒○

小題文

湯之盤

張□□

〔湯之盤銘曰苟日新日日新〕又日新（大學）　□□□

又日新

終述盤銘慎終于始也大新莫難于終耳而湯之日新猶夫始也自新不已至哉且凡人易于慮始詳于圖終況身為帝王其嗜好大多流也能保其終之不懈乎湯則不然奮發有為之氣無一息之偶間故自始至終而精力不衰黽勉不遑之志無幾微之可寬故慎終于始而精神愈鼓盤銘之終則有曰又日新湯若曰祇迪厥德台小子幸勵厥初矣倦終事而棄之其何以免承天休也粤稽古帝傳勤之[illegible]老而勿替予鮮克有終矣尚何以有初也從此而力弥奮焉愈弥長焉俾日無餘日有新亦無餘新有如此銘湯若曰惟有懋德台小

小講文　太學

于勉曰有日始備未密而隳之其何以告我有衆也稽古大禹怠荒
儆功成不怠于少有得而止矣又為在其能有得也從此而志益
遜焉功益尊焉是以不可使無餘日者新亦不可使無餘新者如此
銘以義制事以礼制心始事之憤發猶可以自勉而積勞之後其氣
力常有所不及待夫是以克終之難如厲始也無輕民事惟難無
安厥位惟危少時之偶疎或償諸異日而衰竭之餘其歲月亦有所
不及待夫是以克終之難倍于厲始也湯之自新以民者不于盤銘
而可見哉
學問之功靡不有初鮮克厥終湯于日新之後下一又字其提撕

湯之盤銘曰　援引題

上稽古銘昭其潔也夫鑑亦孰不可銘而獨于盤存其修以潔為義乎商王之自警者有可稽矣嘗考銘于何昉乎古之帝王于朝夕習見之物恆借以觸目而警心焉則書以誌之是欲鑒其有銘以至刀劍几杖莫不有銘之也皆明不忘也是典謨雅頌之所未載備者也一適湯之銘于盤者何義克己克仁之主可自釋其幾於一不遷不殖之新似無取于浴德而湯之銘于盤也則以簡冊雖可書或承或不承焉何似終諸盤則金石所勸于古不能憑滅也要勝物可見無形若有形焉況乎旁有銘是豈澈所需進御而即諫然也且夫盤也昔人之

經自新新民語語則入老筆拔紛　承上起下極勝勝

藉以去其垢者也顧天下誰不潔清之自好而獨有蒙垢而以為安

人字暗照自字所謂一層

者吾亦不解其何心矣且以垢之物去也旦而去之夕已滋焉已蓄

又照不離自新剔到　方詩到為筆才道

而去之朝又滋焉已不知不去而更有若何者湯若曰吾今而有以

銘乎盤斯盤也者又人人之欲以潔其体者也顧天下亦祇識濁之

人人暗照民字

所以要復起自新之氣

自憎而忽有見人之不潔而為之不適者乎又不識其何以熱也良

以潔之可樂也一人潔而一人之体快甚矣人人潔而人人之体快

照自新以新民剔

甚矣誠有一体而通乎衆体者湯若曰吾今而益有以銘吾盤盤而

其器甚貴幾等于夏鼎商彝之雖共觀也其詞寧簡有似乎皇墳帝

典之來易窺也蓋湯之德見于仲虺伊訓諸篇者夫人而能讀也至

又觀

于盤則其文簡既不足以成篇而决繁幾乎缺矣故吾未論懋昭建
中者若何也楊其文而宣之俾人得其覽焉即謂商之逸書可也湯
之功咏于元鳥長發諸章者夫人而能諷也至於盤銘則其言樸又
不足以成章而篇什不能登矣故吾未論式于九圍者何如也紀其
言而彰之俾世得感發焉即謂商之逸詩可也有新以新民者盡進
而稽其詞乎

不寬衍新民先自新一節話頭又能洗去一切陳言文之古雋雅
與題稱胸中無一點垢面上去數斗塵者方許躍手論之

湯之盤銘　一節

自新莫難於無間、引盤銘以為準焉、夫必如盤銘之言日新、而後其新無間也、湯誠自新之準哉、傳者謂夫經言新民、其古者開基之主明明德于天下者之為乎吾嘗深探其本以為新必自貴者始使不一奮焉奚以即于新使偶一間焉又已安于故此古人之言往往有致儆于幾微之無間者而可據以為式也湯之盤銘是已、銘列諸盤賦物之工也古人有軌乎後人之處即几杖戶牖而皆得彼以爾雅之辭盤而有銘觸類之悟也古人有追於後人之情雖咏歌文章而止以發其心性之警盤銘所言之日新耳感於

春容爾雅

在陸草堂遺稿

盤而得棄舊之一幾此幾亦好修者之所喜古湯滋懼也曰新不濯然何以始之新非一新何以繼之新無常新何以終之監于盤而動革故之一念此念又因循者之所畏而湯彌厲也曰吾殫吾力可以始之吾純吾功可以繼之吾策吾怠可以終之明明檀天錫之智而不敢言智湯第知檢身已耳一日檢身即已立乎新之基而改未已也日積日而又加勉焉此檢身不及之所以稱也逮至剛柔絿競之備無微弗滌乃覺聖人實有天錫之智以啟牖其新而新新之塗如是足矣明明貿天錫之勇而不敢言勇湯惟能改過已耳一日改過即已開乎新之先而改未艾也日嗣日而又善

（旆）

（發切成湯出入商書商頌）

（極字已到）

（純）

成焉此改過不吝之所以難也觀于聲色貨利之端無隙可入乃
知聖人實有天錫之勇以強固其新而新之量亦如是止矣躬盛
德者每從容而不遑惟湯則力矯乎從容蓋欲更新而不容自弛
欲恒新而愈不容自弛也與為其寬寧為其嚴身心之地布聖武
曾吮蝗銘
焉而一代之詩書亦具有駿厲明肅之氣無遺草昧者每濶達以不
拘惟湯則務遠乎濶達蓋新欲與日俱永而不可以苟新又欲與
日俱進而益不可以苟也與為其疎寧為其密只明之際昭聖敬
起新民
焉而一時之習俗亦遂有恪恭震動之風是故吾于苟日新而知
其有以始之也力之殫也於日日新而知其有以繼之也功之純

在陸草堂遺稿　　大學

也。於久日新而知其有以終之也。策其怠以不倦也。雖欲間之。其既得而間之後之人。有懷然于新民之學而議道自己。若乎胡不引盤銘之言日新者而觀其極也。

六籍膏液。融結胸中。發而為文。光氣滿紙。尤妙在筆筆精切。無一字假借。

合發似是易路。然刻畫每句上三字。前人已窮工極妍。文固不欲一字相犯也。原本詩書。斌斌郁郁。斯足以豪矣。

湯之盤

○○○湯之盤銘曰

惟盤有銘商王之以物自警也、夫盤名一物之微耳、其銘之也曷故、湯殆欲以自警哉、且王者凝承休命而興、創立之圖則作之所以安（新民）兆庶、作之誥以厲羣侯、可謂深切著明矣、然而與民更始布之典章（警○浩配出本面）議道自己傳之器物、其謹小慎微、先天下而自洽者猶班〻可考也、試觀之湯稟夏之德、輝遠矣、所際者腥聞之世也、一旦興王崛起而欲變舊染于羣黎、則新之為功也、誠亟然、湯豈望斯民過深而責己（○熔○新○民○章○旨○函○真）躬者徧恕乎、夏桀之惱淫甚矣、所處者波靡之餘也、一旦首出華除而欲耀光華于復旦、則新之為事也、殊難、然湯豈化斯民獨切而於已慮者反躁乎湯盖見夫人心之有汙也（分明）猶身之有垢也心之不可不治也猶身之不可不濯也故取乎盤而銘之也以湯之智勇天錫賦質固已非常乃（反剔）猶賴小物之自警然而敬怠之勝分于俄頃（是銘之意）師箴矇誦之餘所恃以寓目儆心者何在也彼夫身有所汚顯于外而易心有所累匿于内而難知（正是自省）盖惟恐滌心之不如滌身而皇皇以爲之銘覩斯盤也恍如史監之當前矣以湯之聖敬日躋純修固已美豈尚煩告戒之是箴然而顧諟之思嚴于幽獨深宮衆勿之地所（知）以目擊道存者何物也彼夫身之不潔必積漸而使然心之多穢即一念而難制盖惟恐滌心之少懈于滌身而凜然以銘于盤覩斯

銘也絕勝旦明之提示矣夫古之楷后刀劍户牖往往有銘恐亦不
獨湯之于盤然盤之為物獨近于褻（精當）褻處有疎其防者銘之其名有水
鑒之思乎以潔身之器引為潔心之資一盤也而身（綴以詩巢）心交賴焉于此
見聖人之取類也大抑湯之平日起居言動事事可銘茲又何獨取
義于盤惟盤之為用獨近于微處有弛其志者銘之其名消弭鎮之
意乎見為盤而似輕見有銘而即重一盤也而輕重互見焉于此見
聖人之慮己也后是雖史無明文書多闕載而有關于新民之旨則
不妨備述其銘詞云
跟定新民跌入是此章之旨起比直拍全副從盤上挑醒點綴

課業小題　大學

絕無俗華。淡二比身心輕重。寫出聖王省身學問。更見正大。

湯之

又日新

自新者更勵于終有以全新民之本矣甚矣自新之功貴有終也盤銘言又日新而新民之本不已全乎（承新民起）且大人有新一已以新天下之學固必以志氣清明者勵其志于先也（扣本題）尤必以夙夜匪懈者勤其功于後蓋德以加懋而始全功以有終而益達斯明德之量于此克盡（言末句）即新民之本亦于此克端也已如湯之以苟日新日日新為銘也其矢念已篤似可或寬其乾惕之衷矣（入析又曰）乃迪德維勤更若有愈進而愈深者終不敢他一念之糾虔抑其懋功已勤似可偶疎其敏皇之力矣乃敬勝彌勵更若有愈盈而愈歉者終不敢懈一時之勖懋終述

具詞不有以又日新乎天時之迭遷也也無以剪其終則歲功兩竟（一比天時〇）
成矣故明王欽若昊天于改歲易朔之際尤兢兢焉爲天時謹其終（〇明〇君〇又〇日〇）
也曾是一己之允迪而敢稍寬于來路乎湯若曰氣戒其盈志持其
率惟積前此之亹勉于爾月而有以啟振其光華則往續可無隕越（確〇先〇又〇新〇）
生尚暫嚴焉而畢生之精業其可闕又故維當既昃彌晦之期而不
勝其加勵耳天行之有餘也苟無以歸于終則時序其成素矣欽若（比天行〇）
上敬授人時于氣盈朔虛之閒尤兢兢焉爲人時謹其終也曾是一（〇日〇出〇又〇新〇）
己之丕基而敢偶昏于垂成乎湯若曰理雜于紛欲秉于際惟白今
〻之〻根作舉前業而有以倍生其氣勢則宏功可云底致也倘暫弛

初服之克勤又何益哉故雖當積日累勞之後而愈懷其警畏

懈惰又日

且有商六百之祀人謂其自湯而始而湯則謂自朕而終蓋創業

爲不克終安望後嗣之有終乎故不迩者必終于不迩而後不爲聲

色眩也不殖者必終于不殖而後不爲貨利迷也彼伊尹之訓曰自

周有終相亦惟終其如此意也哉抑有夏歷世之傳人謂其自湯而

革而湯則謂代君而終蓋放伐而嘗天心又何異居攝之受終乎故

前比繳至自新此比起下新民

克寬者無殊乎克勤而終于有国也克勤仁者無殊于克儉而終于

有家也彼仲虺之誥曰表正萬邦纘禹舊服兹體此旨也哉後之爲

君者覌湯之所以終而後知湯之所以王也

從前三者說上○勘出謹歲功之紀○正閏餘之終○切着又日○立議者○確徵及自新之極○起下新民之端○一節全章俱動思力英銳過人

又日

湯之盤銘　三節　　　卜兆龍

能自新以新民、則命亦無不新矣、夫不新民、烏能新命、不自新、烏能新民、此湯與文武足為新民之法也、今夫天之眷命、必以小民受之、而民之康乂、必由皇躬致之、故敬德即以敬民、而敬民即以敬天、從古新民之大人、無不由此道也、吾嘗觀夫湯矣、昔者湯居亳都、舊為侯服、乃受天明命、忽稱造邦、人皆曰湯命何其新若此、而不知其所以克享天心者、以其能立表正萬方之本、以其能寵彰信兆民之原、而于天錫之德、阜降之衷、有赫赫不敢一日而忘者也、嗚呼、日新又新、盤之銘也、觀于盤銘、湯其不求之天、而惟求之民欲求之民而先求之已者欤以故天監厥德用集大命撫綏萬方而新民之功遂彰〻云（湯中節思甚巧）乃其後王弗敬厥德而惟恃其有民有命故民本可新也而不新命本可延也而忽墮彼妹土之民其胥染昏德者也而武受厥命爰有作新之誥矣（更〻紫彿）今即康誥推之而我武之所以新民者不槩可知乎其書民而必告以教求殷先哲王也毋亦以新民之由在自新乎其言民而必告以助王宅天命（落未肯數提而簡老）也毋亦以新命之自在新民乎然要之簡畀殷命惟武為然誕殷天命則文已然蓋文不過大統之未集耳觀其光四方而顯西土則民之新也可知且帝之啟迪有命不減于湯矣帝謂文王無然

畔援無然歆羨則其事商之主治商之民而日新又新一取法于（書肯節）（書中肯）商先王又可知也夫是以周雖舊邦其命維新詩歌焉至于武王遂取湯之天下而盡新之也然則銘言自新非僅言自新也誥（誥浮周匪）言作新亦非遽言作新也詩言新命亦非第言新命也合而觀之提見新民之本端在自新而新民之效則在新命耳後之君子可以思矣

三節蟬聯而下而上下中間映帶更極脫透玲瓏前輩陳大士作以法勝此以巧勝

[湯之盤銘曰苟日新日日新]又日新康　新民（大學）　王兆清

又日新康　新民　王兆清

商王勉自新於終可為書言新民者亦厥本焉蓋自新而間於其終即欲新民也奚本乎君子觀於康誥之言作新曰是宜有本以為作也嘗謂主德之與民風相為維係者也故必有懋終如始之主德而後有翕然丕變之民風自非然者始名勉自拔濯而迨於其終乃弛焉而不復有所惕勵使天下得窺我衰修之離合而其向化之機亦幾乎息焉則雖欲鼓勵修明俾斯世樂為更始也庸可得乎如盤銘言日新而繼之以日日新是湯之無逸作所抑何至也哉或曰上古之治皆揖遜而有天下獨湯開征誅之奇容或虞斯世竊竊焉議其是末句月新楸翻（音求切）遂取之故乃其始不得不深自科省大為濯磨以求免萬世之口實

丰澤元集稱　大學

乎夫以聖王懋昭之學視為嬙悅小民之困則意其萬方綏定兆姓允懷而後亦必志氣日以益寬假日以佚靡不有初鮮克有終安在其為聖敬日躋而足以作睹其民也哉乃銘則又未竟其辭也蓋君德莫病於倦動而湯之先臣民而潔蠲者法天行健遂有屢遷日強之勢聖修莫難于圖終而湯之比愚賤而加虔者與時偕行遂有倍奮初服之困又日新如足試合苟新日新而觀之乃知湯之德與商之所以王也假使嗣令緒者世世不替厥祖先德則天下之世君者二十七世食德者六百餘年尺地皆其有也一民莫非臣也克配之烈歷久彌新殷祚不至今存哉奈何後之子孫日失其序天矜于民頤乃虐之播棄黎老億兆離心無怙乎爰華夏正之緒之忽焉沒也

此段泚結上句正起下句滿斷雲連說法孟驅

況當其時有西京聖人作焉彼以是繫此以仁民心靡常惟德是附商（正著康誥之部）其能不變而爲周哉昔之誦盤銘者今且進而誦康誥矣夫康誥非武王爲孟侯之國而作也哉以爲新君出治百姓咸有棄舊之志此其志甚可用也爾小子惟是朝斯夕斯焉勞來匡直之惟勤作其志日以長焉斯已矣賢侯涖政下土咸有向化之機第其機莫自達也爾小子惟是念茲在茲爲輔翼振德之不倦俟其機日以盛焉斯已矣武之以作新民諄諄誥康叔如是後之讀是書者竊其旨究其本（挽合上句）知非君德維新進進無已而果何以爲表正而樹之望也哉嗟乎介弟之封朝歌之故墟也啟先王在天之靈念此得無惆乎觀商周之際而自新以新民之說益宜加意夫

王澤元真稿　大學

扼定商周時勢講自新〻民方不浮泛至一片機神如冰融水如烟合雲蒸於無迹當是得意疾書之筆應推慧業文人

又日新

湯之盤銘　全章　　王廣心

徵新于君子、盡天人以為用也。蓋新以極至、而極以用深、自新以造新命、君子由以建民極哉、今夫帝王之興、將以康乂斯民也、而必有震動不能康之心、與丕世相永於無盡、故勅幾端丕變之謨、求莫昭於天之秘、播之顯爍、而措之精深、奕代猶將見神明之用耳、明德之繼以新民、豈無故哉、蓋德亦有不及于民、而新亦有不要其至者也、王者有整俗之脩、而道尤嚴于自治、故下靖嘉師、即上昭寔格、皆能以懋勤不怠者、徵敬應之弘休、王者有更始之學、而德以極于蒸民、故議道自己、仍式化在人、要當以斧藻弥精著著、和恒之上理、此其

用莫明于商周之際矣湯之民含穡徂征穢德祛也而其服在日躋（伏用字）

庶天之照無疆聖人之心不息日新又新崇皇建極於、是、作、盤、銘

之民藝黍稷心膿閒游也而其用在明作元子之功執競康保之績

明刑新民有作遵皇路哉於、是、朸、康、誥、文之民汲汲穆風嘉師乂也

而其用在昭事壽考之德永寧上帝之休與宅舊邦新命懋觀成哉

於、是、颺、周、雅、凡此二字皆始維立新民之極者也是故君子承神靈

之緒受厥民者甚重則殫厥命者不得獨輕故用有其勞不敢朕躬

而逸用有其晦不敢宴眷而嬉推之新有量用不安于有量即堂廉

民錫福而予奪予悔諸一日皆屬及萬年君子立締造之先保斯民

筆壯辣却極精切

者甚詳則究斯民者不能獨累故一人迪德廣其用于元后萬國馨
闡神其用于祖考推之新無方用變之爲無改常其命版光昌而無
息無荒定一朝者勞兼百代無所不用其極斯明新合而至善備矣
（旁批：徹得完[illegible]）
大人新民之學有如此
玉曰雕金曰琢良工固不示人以璞其揉革渡革收革苟老可程
知又不徒以藻績爭能

湯之盤銘曰

仇兆鰲

傳者將明新民之本而述前王之自儆者焉夫人不知自儆無論乎民矣而湯顧銘於盤也毋亦其義相類者耶從來風俗之變聖人為之也而聖人之所以制其變者未嘗汲汲焉求之于天下是故儆戒惕厲之意常存於身而寓於其物典謨訓誥之外有可考而知者吾思新民之道自成湯始五帝以前荒渺難稽自堯舜至禹有聖人以開於先即有聖人以承於後故不憂民俗之未新至於湯而世運之衰已極彼有夏昏德以來有衆率怠弗協夫上乖而下怠其為不新也甚矣湯一旦欲與民更始亟亟著之號令布之條教庶幾棄舊而圖新乎顧含己而責民不可也迄今相傳蓋有盤銘云又道声

色不殖貨利湯之遐次者微矣遏欲者微人心將不得而雜之矣湯則恒加克治之力以義制事以禮制心湯之循理者至矣循理者至（得取善之旨）道心亦何自而閒之而湯則隨存戒懼之防湯識見夫人身之有垢（含有日新又新之旨）也潔身之方不可以稍懈猶夫人心之有污也洗心之法不可以偶（二比）殊愛有銘焉不覺頓盤而色動也夫身之有垢猶待于積時而心之（更進一步意）有污即係于當念肅其一心之私而天理之梏亡不在多也名之于盤而觸于目者警于心致其天亶之聰明常使凜凜于顧諟者在此銘矣且身之有垢人得而共見其累心之有污已得而自匿其疵留（理欲中比）其一庇之窺而人欲之滋長將日深也勤之于盤而鑒于形者省于意出其天授之智勇用能孳孳于朕躬者視此銘矣思夫湯在當日

此節湯之新民言

衆庶有警萬方有誥銘特小物之克勤耳顧盤之爲器也微銘之爲道也人一物中有精義之存焉披其詞者可以見治統之有所本思夫後乎湯者刀劍有箴戶牖有剖銘亦相仍爲故事乎顧方其銘者道居述戴請盤者義居作一事中有特創之旨焉讀其文者可以私聖學之有自傳存改過不吝之志則一盤可當十誥三風有垂裕後昆之思則一盤足開三宗七后語云盤圓則水圓湯蓋自新而立新民之極者歟

于繼夏造商見新民之故于存理遏欲見自新之功而借澡身以洗心借銘器以肖志次帶處無不貼切盤銘正大之中自具細心

苟日新　卞岳

勵新於始、非誠不為功也、夫新之不誠、即一日不可自信矣、此盤銘必於其始勵之也、且王者撫有萬方、非於己之德實能勵新於始、雖欲天下更新而何由、頑習染既深、每易偷安於晝夜、立志不確、恒難振起於崇朝、若湯之盤銘不然、革夏而新、師從前之故習、悉捐、其欽新獻丕變首萬邦而表正、深宮之戀緣於觸事興嘆事、方新嘗稽其詞矣、有曰苟日新、志安與懷者奮發未能、湯則[illegible]不奮而志日衰、一奮之而志日銳也、雖幾無胃貫端輿、奮其志於崇朝、氣即衰靡者振興無自、湯則謂不振而氣日衰、一振之而氣日

發也本體欲清明要排擬其氣於平旦新必去其舊此日即舍舊
茶新之日也何邪顧何欲讀新必要乎終此日即終身託始之日
一無因循無畏葸退故爽或誤於前忽悟昧爽而心惕夢或懈於
後發欲待旦而恐避念慮之緜皇直如旭日方旦並即照臨大德
貴懋昭明之一日測不足明命惟顧諟其之一日已有餘精神之
強毅不實欲日初升群瞻朗耀才有優亦有絀而至潔身浴德之
務哉以方財庚即退然卻奈惟策勵於一日舉才之優絀總若罔
知而後其發也其出其赴也以真力有強亦有弱而系去惡遷善
之圖稍以力自量則藹然沮矣惟蝸蹶於一日舉力之強弱概置

勿問而後其決也甚堅其持也必固凡滌污染而無燕息一日正革故遇新所由闢嚴祓除而底光昌一日尤重楚緒○繁○抽○到○底○不○竭○雜出震所由鞏則即一日自新而日日又日不從可知乎

識得一苟字真確故立意遣詞自不混入下二句　顧慈穉

苟日新　卞

日日新

提學院科考取莆田方仁興
縣學一等第五名

新非一日之功、日與日而俱永矣、夫事之有其初者、未有不視乎繼
日日之新、湯之所亟為致功者耳、今夫於穆而不已者、天行之健也、
惟日而不足者、紀王之修也、夫苟始事有其基、而循是而加功者未
免在絕續之閒、將貞恒之謂何、其可不日為交作乎、湯銘之日新也、
而豈但已乎、天道之流行也、必無來之不往之理、故一日之振厲若
其可繼情者進矣、日進往矣、而振厲者倏已介于不可知之際、化機
之盛大也、必無往而不續之候、即一日之精明、安可得半而止乎、故
於日之外、而精明者為常懷惕若之思、日日之新、所必亟亟耳、人

清[illegible]發警之心忘於繼清明之志氣日即於淆亂昏無論矣惟是日常一日而日為迭運而吾之新雖循之至密而急焉不及檢而偶偏一疏追其檢焉而疏已不可追矣則惟不忘焉而刻厲之至日無虛度矣專精之極日無玩時矣而揺無取償之一日而揺無可從文二日日日而新新之功不以為多日日而新新之轉覺其少而甚毒於繼哉人之心多不息於純而息於雜天心之來復常予物以樂文際矣惟是日易一日而日與月俱逝而吾之新雖操之有常而忽在如察或偶爾一違追其察焉而違者已成往事矣則惟不息焉日嚴主敬而遂以窮其神也日深涵養而遂已達其化也而上以

承先精一之傳者此日而近以守夫執中之統者此日日日而新之而入者不令其出日日而新之而存者不至於亡而豈息於游哉天下至切要之圖每不在於百年以為百年猶其可盡者而日與日然而不竭是日無盡藏也今日之新視昔日而倍切矣明日之新視今日而深永矣而何弗常鑒乎湯之所以日端其居修者此也天下至艱難之境又不可以日計使其日計猶有可程者第日與日引而愈長焉是日相通復也有一日焉可終食而不新日復日可幾微之少艱也無一日可造次而不新日復日必瞬息之交養焉而何弗示矣乎湯之日鑒於箴銘者此也然而猶未已也又曰新此湯之明[illegible]

後幅下边。苦心孤詣。是亦潛心讀書之士。原評

日日新

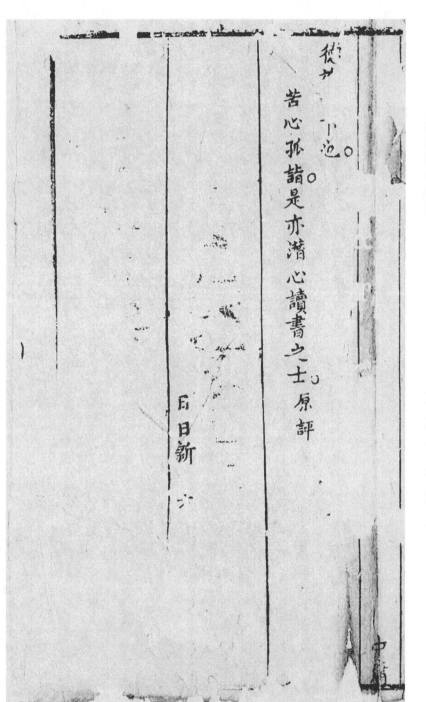

湯之盤銘曰

石林賜

稽商王之自警、器在而心傳矣、夫盥沐浴之器也、銘其盤則商王警心之學也、傳故引之、曰舊世自勉之君於天下之漸靡猶後也而一身之祓濯早以先之於是籍厥器鑒厥身惕乃心垂乃訓雖不必誦其詞而藻心浴德之學已衆著於天下如湯是已夫智勇天錫原足表正於萬邦則聲色貨利之衆早盡謝之隱衷初不待於卿士大夫殷勤咨儆而禮義交中心貫懋昭于一己則昧爽丕（開此堂奥妙切湯身上）顯之衷更無懈於方寸亦何妨於著明懸象顧諟提撕爰有盤焉浴身即為洗心之鑑（所淨）日有銘焉觸目直切警心之端藏疾含垢之念可以施之檢物次又可以之檢身試觀身之需盤也當微塵之或染而蔚洗濯雪決去不遺餘力亦覺垢之在人尚容寬於一息（就人情言理方有味）而垢之在已決難緩於斯須焉則湯之方制既盤而遠取諸物者即以近取諸身將撫摩於宥密者有道器之分而克謹于淵微者無形骸之隔已一洗心藏密之思可以發之無形尤不可不鑒於心象試觀盤之浴身也雖纖悉之或蒙而庶幾夙夜致潔始慊隱私（是新民始）真覺潔齊之在物者寤寐亦見其安而旋汙之在躬者今常示形其微焉則湯之永念斯盤而內思滌慮者即在外擬以于將勸懲於深宮者既有當前之水鑒而凜身於亡毖者不必事後之感惕

矣其銘於盤烏容已哉且夫曰明曰旦其[illegible]之體也而不違也而先庚後庚者巽之丁寧而揆度也湯若曰吾惟銘之於盤覺吾身（詳參易釋）之百體官骸天受之而吾心之精神念慮更不可自吾棄之然則撫斯盤也有較之几杖刀劍之書而朝夕在旁倍切於風懲之垂（典雅可愛）剖析吾身之山龍藻火人竊之而吾心之粹白清明更不容自[illegible]污之也則戴斯銘也有等之師保疑丞之謹而爾室相在更毋天道之欽[illegible]極濯磨之功九有沂懷其德而溯相[illegible]之始一身不闡其修蓋日新數言洵足上參於天命而下式齊民其也

氣骨雄渾酷似次侯　王步樓

題之與則辨以文之才思字字刻寫物情。不致入於小巧。其流沒於古之功為多。曹星洲

撫據典訓。復能攄以虛裹運以妙腕。行文論議。覺得其宗。陸泚

議論中俱是會自新以新民全意。訓注朔之郝直趨而上盤旋。此之謂駿鶻摩空。鄭朝宏

湯之盤

又日新

福建程學院科試　同安縣學二名　平鵬

新於終者其新又與日俱進焉蓋猶是日新也而於終又加嗇焉其新之有成者如是夫且夫人之於身也未有洗濯已久而終覺其於含垢也豈愛其心曾不若愛其身之甚乎故以日繼日而日之既仍人尚有日則以新繼新而新之既久又必有新此古聖王所爲耕物警心而終以自惕也如湯之盤銘豈但曰苟日新日日新已乎夫功候將成每謂少弛而無傷故不必其舍而之他而皆常習故已無再治之力勤勞既深亦或偶間而不覺故不必其息焉自發而因循苟且已無重振之勢而湯則不敢安也其銘盤曰

道科考卷清華集　大學

人日新盖貞下起元天道固有數盡更始之日乃以見健德之不
已而惟革斯恆垂修亦有功深復振之時愈以明自强之不息斯
旋健川旋就日日新後看出又字
使我從向日勵精之後而奮然特起者乎猶是即日為新而功沕
又字刺切
其舊者氣則更其始祇此日日以新而事從其因者力則取其變
應轉向日
蓋業幾末路非別有策勵于已往亦無由更開夫將來也此湯所
截股就本句日新前看出又字
為又奮然起也孰使我從此日思倦之時而勃然振興者乎其日
之新不衰而無所於衰者至此而更益其盛其日日之新不輟而
應轉此日
無所於輟者至此而更見其作蓋功幾垂成非別有鼓舞於將來
亦無由力特夫已往也此湯所為又勃然興也且夫天下之新

備[illegible]物理點○作介句

未有不敝當其英華初發光澤之呈固自難掩迨歷時既久而衰

冀日就消亡者勢也惟吾心之新無已而又生其新則物所見為

到○處○有○筆○力

欲敝之時而此更著其方張之氣所謂不知年數日有孳孳也而

尚有時之能敗其新者乎天下之新者又易生玷當其舊染未祛

塵纖更加而反不覺迨體質既粹雖微瑕偶涉而即彰者人勢也

惟吾心之新無窮而又日以為新則人所危為蒙玷之日而此更

更○又○日

大其濯磨之功所謂篤而好學不怠抑抑也而尚有物之能蒙其

新者乎湯之自新者如此所由表正萬邦而天下亦以新也

又字工夫從日日一片來乃慎終如始之義非忽然打斷重加

振起也。起二翻理到筆到。直踞前人名作上頭。餘亦語〻雜繫。不背本句外寬放一字。

又日新　平

湯之盤銘　全章

陳學臺觀風南
龍府屬擬作　艾茂

新民有極學古而得其用焉盖至善所在其極一也君子欲新民是安可不用哉且古之明明德於天下者本聖學為王猷其

的○真○來○脉○

作之上者大觀以㳂治化之源而應之下者明是而通視聽之理為參觀乎感應之不爽以靜驗諸道法之同揆初非性分所

大○流○從○精○覆○理○盧○神○俱○到○

本無而不可以懋勉而則效者也然則監於成憲能自得師者

從○原○頭○說○來○

貫○提○民○字○神○脉○勁○

上矣今夫上帝降衷下民克綏厥猷惟后民也者我生之所覩

關○注○無○所○不○用○句○

天命之所[illegible]者也君子繼天出治置法於民豈可苟焉而已哉故新在民也所洗之以己學無無體之用也新在己也而終之

鳳嵩文稿

鳳崗文稿

以民學與與同之龍也盤之銘曰日新又新其懋昭大德以建 首節新民之

本清題之義

中於民者不已先天下而端其本乎然而民之德本自新也引

其新機去其舊染康誥之作新者是也新民曰作則所以懋和

衆咎使民不倦者其必有道矣而且新之道通於天也數闢在

下昭升於上文王詩之舊邦新命者是也命曰其命則所以陟 敘呈三

股承字消息已動

降左右上通帝謂者其必有道矣是蓋天理之則全體之所立

志足以圖大猷德乃著其曰新事物之準大用之所行力克以

二重出極字自見當用

要終大業自徵其富有固明明有其極焉以範圍天下於不過

三比極之義理体用互發[illegible]

矣君子無所不用矣惟皇建極也惟民保極我無以建之[illegible]

何以保之矣。而分量之盈歉不可誣也。故所以作民之則者必
極於天德之純。惟民歸極也。惟皇錫極。彼於我乎歸。我當於彼
是錫矣。而功效之成虧不可强也。故所以當天之心者。必極乎（不重新命只重命所以新）
王道之倫。而要之本諸身以徵諸民。學問之極功。無出乎明德
之外。洽於下而應於上。聖神之能事。何加於至善之中。斯民也
三代之所以相繼而新也。新之理不息於人心。新之學不絕於（是故二字如與洗刷神理為）
天下。天不變。道亦不變。初無今古之殊。前以極立後之標準。後（出）
以極效前之成規。明憲天新。且格天。是即商周之治亶明而正
以先照四方。丕應溪志以昭受上帝。君子未有不如此而能以（用經語天地設氣象萬千）

鳳喦文稿

化成天下者也。

神情駘蕩氣象廣遠妙在波峭橫生如風行水上自然成文

允推傑作　孫子甫

湯之盤銘曰

一名仲嘉德

理有可通於器者、古之銘詞可誦也、夫湯之銘、亦自銘其德耳、而盤之爲用意適相通焉、傳三惟新民之本而首述之、且博覽帝王之書、縱觀德業之全、洽聞難見聖謨洋洋、（微起一曾）悉數之不能終、其物無雖然義無取乎其泛、理每觀其所通、苟深採乎聖王化理之原、（按切新民物往茂佐）而得其檢身若不及之隱、則即一名一器而古先后無形之勳、恐致藉有形之物象以俱留、固無事繁稱博引爲也、吾言明德之聖由日而商而虞尚已、夫精一之蘊至虞而始啟、（跟明德正是陪起新民）其傳故遡帝德者斷（插堯出湯筆）自堯而立範懋建之功迄商而更垂其統、故頌王謨者本諸湯以

（又留老）

鄉墨　大學　江南

鄉墨　大學　江南

經獻夙夜者淵修之要而中有所失隨所觸而恍通其象故物與
身謀旅與心謀勤小物以昭大戒如見昧爽丕顯之神宥密省表
正之原而念有獨專任所遇而悉逢其故則當於民鑒先於水鑒
撫往蹟以誦遺文猶留惟有懋德之懼夫文辭之有銘也借彼以
例此觥近於比即小以徵大義取諸箴古聖賢通德類情物各有（落盤銘一段訂又古質）
銘之各有義所以存鑒戒備修省也則湯之盤銘可述已今夫器（提振並局）（觀摹警切）
者尚追之所必該也名者象所由寓也人當精神漸弛之際雖左
監右史亦恐不及觽其衷一旦於起居出入間悠然會賦彤之惟
肖遂若懸攝其畢生不儆之神而使之目擊而存學當功力方專

之時即內証返觀寃雜自擕其所止一旦於寢興食息間偶然悟
物情之靡定忽若隱怵其息雜安之念而使之循名而責吾於
是知湯之取象於盤者義[illegible]切也夫在廷伊虺諸臣見而知之詎
無拜颺以鑿形容之語頌鋪張揚厲臣工猶是推測之詞何若銘
之自道已經者為体要乎澄不遷不殖之源而滌慮洗心臣工不
又贊獨于一盤焉發之故一德享帝六事格天特其顯焉者也而
焉盤守有精采
深宮一服御之微直可與共球並重於是知湯之寓意於銘者念
罙深矣後世庚甲諸君蒙而安焉豈不數典而衍定保之謨頓
鎔爍茂子孫自有頌揚之体何如銘之常目在茲者為親切乎

仲

捏制箪制心之要而浴德澡身子孫所未發獨於一節焉留之故三風十愆制刑犹其後焉者也而頓提在盤盂之細必不隨與至俱湮古帝制器以尚象形而下莫非形而上化而裁之精粗原無殊稽古王徵器以傳心取諸物莫非取諸身会而通之内外不判而述進述其詞知湯所以懷萬邦者豈不本諸德日新歟

揚之高華接之沉寔神恬氣靜風度端凝　原批

入手接切新民書旨了　彭位甚虛善作儱華既不犯实亦不蹈空通幅詞意樸質堅卓無一纖語尤得墨裁之体矣

湯之盤銘　三節

順天兵宗師科覆府前一名　李有孝

傳者釋新民而舉古之能新者以示則焉夫古之稱新民者豈有過于湯與文武者哉詩書具在新民者可考古而得其道矣今夫（全體在握）新之理公乎物我貫乎天人其理本自同也而要其機則總操于新民者之一人使于在我者不能為之後本初在民者不能為之闢風氣在天者不能為之回太和治具徒存去純王之道遠矣昔（直入老氣享敲）者成湯商之民所賴以新也然人知其九圍是式也而抑知其懋（翻揚說妙透一重）昭大德乎來新而姑待焉不謂其終難奮也而特慮後日之振勵（精神透露）不能償今日姑待之愆已新而少間焉不謂其終難總也而特恐

後日之精勤新雖民今日步間之迹以覌于湯何其檢身若不及也盖讀盤銘之詞而知當日作息之衆皆在成湯祓濯中矣（即帶新民在裡面）總有武王周之民所賴以新也然人知其四海永清也而抑知其惟民迪吉乎民原無[illegible]新之性第不因其性而導之腥德之污既久乎恐民之急乎趋民亦有自新之机第不迎其机而誘之穢政之虐（方切作字）雖除吾恐民之倦于趋以覌于武何其和懌先後迷民也盖讀康叔之誥而知當日樂善之倫皆在寧王鼓舞內矣（亦帶自新）至若先武而新民者非文乎然人知其以柔恭者為怀保之本也而孰知其以誠和者為純佑之自乎天所憑依惟德已不能勸而[illegible]

原評能体周公立戒之意[illegible]

湯之盤　李

民未必乃眷之西顧天之視听在民民不能新而妄欲民之

我祈福尤惧天命之靡常以覌于文何其怙冒闻于上帝也蓋讀

大雅之詩而知天地光昌之象不在成周宇宙間矣爲忠贊詩詠

凝承天命則政在乎咸與維新而道在乎自昭明德此湯與文武

（單結新民章意）

所以立萬世新民之極也後之君子可勿加之意乎

切实分疏筆力透過紙背

直頭三比方甾得故君子句然首節自新次節新民三節新命

立言自有次第又只源源还他釋新民正旨藏針伏線巧不可

階其沐浴于先輩之法者非一朝夕之故也　悠雲

又日新

王邑尊季試
莆田一名　李金華　自龢

商王無間于新、更嚴之又日之銘焉、夫使新而有間則不能常守其新矣、湯所以有又日新之銘乎、今夫健而不已者天道也、久而彌貞者聖功也、此惟聖法天而自新之功為能底於無息也、湯之言新、不既由一日而日日乎、人情莫不厭乎其常、新而至於日日、事習為常矣、苟不免于厭焉、則前此之濟厲皆虛、人情莫不倦乎其勤、新而至於日日、業精於勤矣、倘或乘于倦焉、則前此之功修盡棄、而湯之銘其盤者不然也、不有曰又日新乎、祗此洗心藏密、舊染不敢以或留、非必有加於平時、湯亦曰吾之新誠非有加也、

原評：切警堅光

從日月

即又日語極精當

東拜用代法妙

但即平時之常致其新者至此而更爲刻勵焉遂若有無窮之懋
勉策我于旦明一祇此祓濯維勤織悉必欲其盡去豈必無加於乎（○妙○於）
（○轉、換、○原○評○有○加○無○加○純○妙○膽○新○正○意○眼○俱○有○分○道○不○復○）
時湯亦曰吾之新誠非無加也惟即平時之常守其新者至此而（更○從○切○識○）
復爲磬頓焉遂若有難赴之修途勵我於日後是故聖敬日躋湯
之新於日日者其功已純而澡雪精神必於又日而彌形其奮厲（○又○從○日○日○形○出○）
爽丕顯湯之新於日日者其力已殫而洗滌志慮終於又日而畢
致其勤蓋欲感易乘功力一息稍疎即私意一息漸長又日之新
所以融乎有間之物累抑性體易昏黽勉愈不敢懈斯吾心愈見
昭明又日之新正以併其無間之真純是則天道運于上日又有

原評鑒拔

日者天原有其無盡之光陰聖功勵于下新又有新者湯更矢其有終之學問此所以盡自新之功也此所為立新民之本也

原評 沉雄老鍊字字緊嚴此破壁姿非池中物也

語語是對已新言又不混入日日繼續頭分體認獨真疏剪確切文心文境方之木落石青波澄月朗別有一種風韻 葉師叔渭仙

但云無間不息二句題可通用未便是末句真詮華ゝ從日日形出確當不磨而文心亦極綿密 內兄林次蘇

精警確切無一語可混上日日新句中間有加無加二意疏又字可入先儒語類 林豫立

掃去習見獨宗新解處處從上句勘出本義郤又處處截上句實還本義精湛透闢正是雪消爐焰氷消日月到天心水到渠那得不出人頭地 宋士上

又日新

日日新

浙江王學院科歲
嘉興縣學第二名
吳堂

商王新後之新、日進無疆者也、夫已新者而不有以新之、何以端新民之本乎、新無間于日日、湯之自勵深矣、且身之當潔也、不以

原評　恰是日日題起法那移不動。

一日之既潔而可聽其垢之復集、而德之當明也、亦不以一日之既明而可任其私之復生、蓋日麗天而久照、聖人之自新與日俱

從日字比照出題意

無盡者也、如盤銘之言、爲日新也、不已見湯之奮勵于始哉、然有自新之基者必加以積累之學、而篤寔彌于光大、開自新之端者必加以繼續之功、而純一進于高明、則有曰日日新、心有常主、而一日不敢以稍懈、力有常貞、而一日不敢以少安、靜而存養不敢

俱根上句來作法極好

忘其始之嚴恭也而存養之純操之于日日而無間動而省察不敢忽其初之警惕也而省察之嚴凜之于日日而不息以禮制心無日不以禮也以義制事無日不以義也因其已新而新之而日日切奉若之忱懋昭大德無日而不昭也肇修人紀無日而不修也承其既新而新之而日日凜顧諟之意聲色貨利日日引我于不及覺而不迩聲色不殖貨利所以建中于民者未嘗一日而忘匪彝慆淫日日乘我于不及檢而無從匪彝無即慆淫所以表正萬邦者未嘗一日而忽蓋明德之理原于天命者本無離合之迹而一日可以終身故維新之功盡于聖人者亦無絕續之端而日

是日日

俱切湯說發

是新民章語

日不殊于一日。湯之銘于盤者又如此。合之又日新而新民之本不已立乎。

引用經語。切商王身上落筆。與日日新二字無不細貼。文有根柢精華自煥。原評

切定本句切定成湯。無一語泛設。出筆簡捷流快。首尾又極完足。豐城劍氣直射斗牛。華麟書

日日新　吳

苟日新 三句 己丑

吳煒

詳商王之自新者立新之本也夫湯不獨自新已也而必由自新始詳其自新之功而新之本不已見於盤銘哉且夫德日新者萬[illegible]所以懷也須不定致其功而泛以從事焉則其自新之道猶未[illegible]也盖新之功由自強而能決由積累而能通由不息而能成要以此立其本焉斯已矣吾於湯之盤銘見之湯有駿厲嚴肅之氣勵其心於學問以為纓猷之本湯有義理勇智之德專其功於明旦以為建中之基人情每狃於其始當其時前此之功不知所[illegible]後此之功莫知所終斯時躊躇而不前抑遲回而有待也而湯

之新於茲者貴利無所預總自可決其氣於當茲慆淫匪彝
無所繼逸自可奮其功於旦夕之甚責不以一日終而其端必以
一日始也則曰苟日新雖然吾慮其倦也人情每怠於其繼方其
幾功之間於俄頃前者已無所續力或歉於幾微後者又無所承
漸滋作而忽輟故半途而自廢也而湯之新於繼者不為氣底而
其安不倒之德自優游而有餘不為力靡而易阻不柔之德自強
以為間斷蓋積其功所以繼夫前而恆其德所以開夫後也則曰
日日新如是可以已矣而湯曰未也人情每怠於其終方其時始
事之力既邀之而難進也道之修久採之而未圓吾恐功敗于將

［湯之盤銘曰苟日新日日新］苟日新　三句（大學）　吳煒

成業荒於浮意也而湯之新於終者立志猶不自滿而懋昭大德
是又日
以如其初檢身猶若不及而改過不吝以圖其終蓋至是而新於
始者并泯其洗濯之迹新於總者克紹其渾化之功也則曰又日
新當九圍未式之先湯之自新固已日躋乎聖敬而知其懋厥德
者不遑以修厥己原非欲彰信於兆民及奄有九有之後湯之日
前後照定新民不脫本旨
新其將肇修乎人紀乃知其懋厥德者不獨以修厥躬更可爲萬
方之表正甚矣湯之自新者新民之本也後之君子可以慨然而
興矣
宏深肅括入廊廟中不修然而人自敬

先輩論文不切者為陳言相題堅議此入商頌商書政所謂陳言之務去 翁奕大

語語切陽刻入處筋轉脈搖誦之昏不思卧 李芷林

縝密溫潤所以比玉斯文亦復如珪如璋 與在

○○日日新又日新

國子監翁祭酒季考一名 吳暻

日新而不已、聖學無自足也。夫一日以至日之功至密矣。而又從而加新焉者，是不已之辭耳。且人生皆不可保之日也，而況肆力于學問乎。夫古今帝王之德，鮮有不汲汲于積累以成其功者，向能不以一生之所得為一旦之所窮，是可以知其所至已。如商盤日新之辭可藝也。夫日者積時而成者也。天下事有所積者其進無窮，而吾或自進之而自退之，吾恐時之數日長，而學之數日消矣。日者推始而言者也。天下事有所益者其顛難，是而吾或自益之而自損之，吾恐去之勢日盛，而來之勢日虛矣。故商湯于日新之後而必競競乎三復以新為念焉其曰日日者懼其中弛也其曰又日者懼其終怠也以為刀盂之側群聖賢所儆而臨之者也其始必加警耳運之久而意若無奇偶以此為故事也而忽之則敗德成也夫敗德成而舉前日之獲棄之于此吾一悔矣一日棄之而日日棄之吾再悔矣悔其可再乎故湯之厲于終者一如異日也必不使我朝夕方新之氣偶為不振也杖舄之銘群師傳所儆而憑之者也其中或弛惕其曾未幾而物已非舊偶以此為無害也而喪之則怠心形也夫怠心形而舉累日之功遺之于此吾一失矣日日遺之而又日遺之吾重失矣失其可重乎故湯之勤于終者一如往日也必不使我從前已新

之勢而置之弗問也蓋天下安危得失之機未有不成于需而收于
捷也人生百年止如一日捷則倖獲而難終需則强固而可守此中
之剋責良有繇耳古今興衰絶續之統又未有不堅于久而失于暫
也然身有幾視此一日斡則淺嘗而欲止久則深造而自得此中之
幾微不可息耳湯之明明德于天下者蓋如此銘也新其可忽乎哉

命意超卓而不入寒關一路尤利時月也翁榮酒原批

未嘗求異却天然秀發如此人雖不服金丹要之自無凡骨也
此元朗丙寅初至京師文字机往時考卷固已盡變其蕪襍之習
矣而隨者反絶歎其舊作為有才噫豈非秕穅雕月則天地可以

本朝直省考卷篋中集

大李

易位乎○

日日新　吳

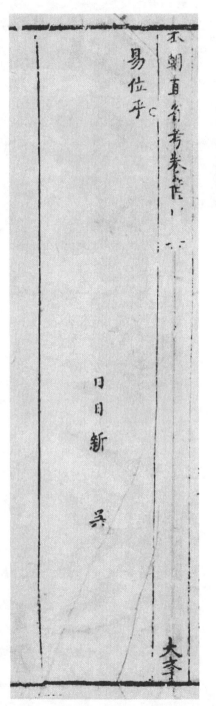

苟日新日　三句　　吳偉業

商王之新能久而盡其變也夫新者一時之行而聖人有以久之日新又新湯可謂能盡其變矣且古者大學之法其進天子以明德者明其為王事之本教化所從出也則先自治而後治人新民固有所由始矣說在湯之盤銘也夫古王者之新天下不自成湯始也然大者皆繼治世之後而湯初當大亂之餘古者所以無変道之名而湯獨創為改制之事故以天下之未始有更化也而湯欲以一朝之間便之舍其故而新是謀其有不可慮始者矣則必先之以身曰此風俗之樞機所宜先正者也且以王者之未始有易制也而湯欲以一人之政為之去其故而新是圖其有如不克終者矣則又持之以心

曰此道德之原本所宜慎守者也故讀銘之辭其曰苟日新勤于淇端爾以為有過來改此前日之所以怠且玩也修身如不及此今日之所以勤且勉也故以晦致明以微致顯新之所為審始而治本也其曰日日新積乎其功爾以為德積而名彰非一日而彰也善積而功顯非一日而顯也故慎小致大積微成著新之所為浸昌而浸明也其曰又日新誠乎其衷爾以為進而不已日加益而人不知也愆而自衰日加損而人不知也故既思其始又思其後新之所謂初終而固戰也吾蓋以為商人之風俗亦可見于此矣湯之治天下也其道貴嚴故上古之聖人從容修德多出于寬緩不迫之教湯則厲精以致政專心以反道務先去其怠慮之氣而因以激天下因循不振

之心所謂因風氣之变而用其權也湯之治天下也其事貴質故後世之王者移風易俗或出于文章政教之間湯則留意于正身勉强于力行務自見其德業之修而因以明天下賢者不肖之辨所謂治綱紀之端而正其本也故讀商書而（作有色描）其辭簡潔而明肅其意根發而嚴厲蓋治己治人之法有如此銘矣

本廣川眉山之論議以達所懷而建歎惟古辭以副願遂為從來之未有不獨英分過人也能盡小

中三比還題前後發端究竟俱在新民上蓋行一章之理于一節也中此第一人識力楊維斗

父千子云凡作帝王學問語不可落理學套為其近于儒生且非

帝王先天開人○因時立政之象○此能通時代運會以立言○自爾綱
舉目張○規模宏遠○特藝中之千膽也○嚴賓成
新民義從更始○斷自成湯○起將新民之局開于湯盤議○識力卓絕○
中後昌言偉論○精警非常○丁象雲
前後議論開瀾○已極龍蟠鳳舞之勢○中間三段刻劃字義○確不可
○易非胸有智珠○心如旋床何能精細至此○張汝毓

湯之盤銘　全章　吳偉業

列新民之學貴於君子者備焉夫新猶二代而新之學詳矣求端於（誦）古君子宜何同焉學稽古明明德于天下者肇自有唐之帝乎百姓昭明黎民於變虞夏承之相安于從欲風動之宇靡有新也言新者（筆恰是天成）其在鼎革之交矣其君有勝而欲明之志而務白其隱則懋敎厥修者不役表正于萬邦而且丕顯乎性命其民有蒙而欲晋之象而通獄厥成則誕受多方者不惟作求于人事抑且燕及于天心如湯如文如武皆新之人如銘如誥如詩皆新之學如日新又新民新命皆新之事而本末終始之用備焉後世君子慨然懷古而志之以居乎商周之聖之難也夫固有所不得已于世者也兆民允殖懲來世為口

（貫下句真乃神理不徒為題面）

寔而微傳其洗心四海亦猶惧殷人之弗靖而倍深其保乂西土怙胥殫明哉以養晦而隱留其精髓如此乎新之用蔑不自爲而靡以哆其得爲亦各有獨至而恐不恃其已至也則無所不用其極之說也又況商君而後其民蕩而不前文而不懸已失遠古初之意而大人之學必欲上掩混洗下映来茲敢自憚開闢之力哉雖汙隆在世而刑賞者忠孚之至好惡者尊親之同捐除瑕累而與民共偕于大道商周亦已在範圍之內抑潛見隨時而王事有省躬格天之寔儒者有盡性至命之能謹察微渺而潛以對越于皇天蘄聖亦懸俟後起之聖是故言一新而凡前乎所以致此者無不用焉言一新而凡後乎所以竟此者無不用焉前乎此者精求天德之政不敢塗飾于事

汲汲乎此者務存王道之要不敢自娱于小補夫是以責于己者不忍詳而求於人者無過盡雖一日而常有千萬世之規雖一人而統集億兆人之命敬天勤民克己緝物左銘右詰滌然盥周此物此志也夫

收拓精密

條分縷悉中心口相應而内無泛設佳作也　本房周茂公先生

筆到議生議盡筆止即此便是至文　楊維節

才情贍麗氣局恢張出之古雅是非癡肥俗筆所能到把無所不用向背合全篇一線不漏尤推妙手　湯有生

周從摯理伏案而不見其迹用全力包舉法而不覺其繁曰乎文氣古則斧鑿自化線索明則肌理自見也然非淺學人所能猝辨

湯之盤銘　二節　余棟

商王先民而自新，周誥推新以及民焉。夫欲求民之新而不先自新，雖作弗應也。商盤周誥，不可深長思哉？且王者視天下無可棄（從辭經通入）之人，而必本其不自棄之心而徐以相及。夫當其浴德澡身，豈嘗汲汲然求天下之我從哉？然深宮之祓濯，事無與于百姓，而四方之鼓舞，權寔係于一人。宜明王之繾綣丁寧，而願長民者常持此意也。吾念新民窮穆然商周間矣，帝而出震也，寔其須臾忘吾民（空中皆是常境辭人運法說當如是），然非聰明安能時乂乎？必也謹小慎微，不忽，夫昧爽丕顯而後其氣稍不因循而苟安，其力銳不偶得而中止，其志堅其守一，斷不至功敗于垂成而業隳于半路也古天子之所以著誠去偽而能與萬物相見者良有本爾不然玩惕以自安而吾心若逸懋勤寔未逮而去日苦多雖欲制心制事不貽天下以指摘之端其何日之興有湯故澤及此而皇然矣不見其銘盤乎其曰苟日新防之嚴而警之獨切也曰日日新又日新功加密而惕之彌週也（羅浮兩山風雨合離）率典奉天其在斯也湯之德良足聽聞也哉夫湯之時三孽之災不足以興傒后之懷七年之災不足以衰望雲之喜芸芸者共知天下有令主矣乃猶滌德是勤與日俱勵則銘之自新殊使人頌遺文而知表正者豫也湯當日之先民以為新也固如此一民而吾胞也

豈或蹤迹視吾民然非明作安能有功乎必也勞來匡直馴至于
課無對有叩牧求音古發聲譬迴非凡送
先後和懌而後其機動不草竊以興良其俗端不群飲而忘德其
情激其醜生斷不至咈長以行私傲化以傷俗也長民者之所以
救弊扶衰而顧與天下更始良有以爾不然往者不可追而餘風
莫殄來者不可咎而從欲無閑雖欲革面革心不留天下以怠棄
之習又何日之與有武王故慮及此而諄然也不見其誥康叔乎
作字
以為汙俗可除毋疾其頑而剛柔相濟也當念作新匪易毋速其
運用更精得無絲見經濟
效而從容以和也棄咎從康其在斯也孟侯弟無違王命也哉夫
武之時孔邇貴黎風既流于江漢王衆無畏喜益動于元黃篚之

余□□四書文　湯之盤　二　大學

者皆謂天下無蕩民矣乃猶文誥時須不忘振勵則誥之新民更令人誦王言而思湔滌者深也武王當日之使民自新也又如此由是而可言天命矣

盡六藝之奇味以足其口令腹枵者沾丐不窮　李穆堂先生

現無數村落煙景于海市蜃樓自異碩鄉陋壁其風味醇古澹泊哉欲向渠問阮劉近日消息文境致移我情　張書升

雲霞流綺顧天下解人愛其綺尤賞其流　何翊聖

洪波巨浪海立雲垂三長缺一不能有之。史漢風神天衣無縫氣餘於法也唐宋之稍遜秦漢者法太嚴耳然如此文才氣可云壯健矣。按其步伐。亦以虛實開合之法行之反正又藏于虛字中。不爾而欲作長篇。非枯竭則冗贅矣。然則人謂拘于法。無以展其才。愚謂廢乃法。亦無以展其才。大匠誨人必以規矩。秦漢則神明于規矩者。不可能也。張人弘

湯之盤銘　三節　　余　棟

由自新以新民、可與言新命矣、夫銘盤者湯、誥叔者武、新民若此其匪易也、嘗是而後可與言文之新命云、且王者欲舉天下而甄

○發○點○甚○理○自○無○落○句○

陶之既不忍先民而後後已亦何至藉人以邀天然皇躬之深德必推及于閭閻百姓之平章即昭格乎上下典籍具存商周之主可

○脫○盡○町○畦○自○成○重○

知也苟非皇自致德即日討國人而申警之并不知飲食教誨為何事安在發至治之馨香而使神明頓感果其主德罔愆惟是先

○陵○棱○闊○大○後○一○注○串○連○妙○甚○妙○甚○

天下而勍懲焉且深懼型方訓俗之未易敢曰獲天休于申命而知國勢寖昌然則期民之新者可不自進于新也哉簡其始不加

余雙光中式

勵而自阻其機總不相絕而終償于後新將何日也誠使法天行
之健初心不困于中衰體不息之誠有終更精于有始則日與日
相轉而新與新相遞吾未見勤修在昧爽而表正或阻于汙俗也
緣題生波縱非與指吳映
湯之盤銘可思也夫既求民之新而可不亟為作之乎特恐俯仰
多累而強其所不安習俗相仍而忽其所以教新將焉望也誠使
念陰騭有恒人心不容以盡洗並生有願俗美必藉乎化行則民
與民相勸而新與新相屬吾未見詔令在寡兄而病瘝猶不切于
審勢
東土也周之康誥可懷也且民新于下而邦無舊染之民則必命
行文自然緊依 議論更發切
新于上而邦非守舊之邦矣或疑九年以往上帝曲體其虛心求

二之秋候服終守其臣節命何由新也然而拜專征之賜寵綏假
手于君恩聞江漢之謠祖聽已敫于民聽則周以邦而舊以命而
新吾未見西方有至德尚云西傾之未降也文王詩所云非誣也
夫以洗心而求草心之效則上能潔已下鮮庆俗可矜足侯也況
將三節神理闔結在一人身上說得伏頌推崇見則人
又鼓之舞之而先天率俾不自棄于波靡之習則廟堂中之一弛
一張皆足告皇天而鑒后土故曆數在躬天必不忍爽其報而使
休佑用申以酬宰世者數世之仁以浴德而操振德之權則君能
棄舊民共懷新直桴鼓應也于焉漸之摩之將率德改行以自儆
于黎獻之班況祖宗來之累仁積德皆足動天聽而逆純禧故景

命有僕天叓不禁張其勢而使山川告祥以兆卜年者無疆之吉

君子所以必用其極也

浩氣獨行餘勇可賈當之者砰易而靡滅矣　李懋堂先生

鏤金錯采矣㧞其生趣何殊春日芙蓉　晏一齋先生

前後串寫自分虛實淺深行文紆徐卓犖奄有熊劉二公之長

中三比典鍊不膚讀至第三比奇議獨出健筆縱橫尤令哉上

字一擊節也　彭翰文

無語不箴肌刺髓無句不百鍊千椎他手即有其沉思無其出

筆　張人弘

湯之盤銘曰

汪元進

稽商王之銘、可以觀聖敬矣、夫湯固敬德之主也、銘盤而有言、其
聖心之毋不敬與、且聖王之學、懲自滿、懼隕淵矣、此言其大戒、而
未悉其精勤也、奚以匹之、用物而藉為模範、被之法言、則謨訓之
餘照、則有不朽者、吾感于湯之盤銘焉、昔交儆以箴規、令自為其
藥石、師保所來臨之地、告語儼若丁寧、（詞工而意遠）工不雕以藻采、聖自勒其
文章、詩書祈來對之時、誦習依然、尋繹此銘之之志也、雖然、户牖
與几杖、與銘不一矣、兹之有取于盤者何居、天體員而盤象之、將
無悟天行之不息、地涵水而盤似之、將無念地德之无疆、惟是盤

以為沐則五官資以和粹音一朝雖靡也湯曰五官誰主乎不恤
忘荒盡觀顏厚覽清流之宛在知凡物之貴清不貴濁也有如此河音古節
盡以為浴則百骸賴以整飭者畢生勿少也湯曰百骸孰統乎
不監德齊焉睨形穢覩潔身之無累知凡事之宜潔不宜污也有
如此盤于是銘之宮庭所御未知其于珠盤也何如但使觸目而
即警心則凜凜聆格之餘又在端冕凝旒之外朴素成風未知其
于杼盤也奚若但使澡躬而皆浴德則慄慄欽崇之意更在垂衣
搢珽之先為地無幾然要言一二足隱括十六字之心傳為周最照下寫自字
當故致意再三直開示數百年之道法湯之銘盤湯之所以銘心

也夫

秀雅名貴神似鍾陵戴約齋先生

古色斑斕直是廟堂法物令人可玩而不可褻華馨生

簡潔高渾如讀箴銘令人滌滌一片蘆葦荊榛覩此能無心動江位皈叔翁

湯之盤

明清科考墨卷集

第三十冊　卷八十八

日日新　評點

程學院科考莆田縣學一等第三名廪　宋兆元　薰三

新於日日者，聖功之勤于繼也。夫新而弗繼，猶之弗新，湯故警之。川自而更有銘乎？且夫新也者，革其舊之謂也。顧革乎舊而為新（看新字精切），繼亦新而亦有新。是故一日二日，亮天工者，不以萬幾而懷厥績；豈一日二日，體天德者，歉以再念而倦于勤耶？湯之銘蓋既曰苟日新矣，未也。新之功常患其易變，一日之振興，祛久蔽之人欲而不足；一時之息廢，間暫萌之天理而有餘也。新之功常欲其日變，瞬有存而息有養，夕惕所以繼朝乾，而日有就而日有將，日日更嚴乎一日（精卓），其日新乎！復旦者，天之明，日閲月焉，彼逝者有

如斯乎吾濯磨乎軻輟顧諟明命之謂何湯若曰累之方捐亮性
理　妙義如環一字不可移徙　確是日日仲
危爲新之伊始寔惟微焉策吾之健以盡爲道加吾之銳以漸爲
秋身新也蓋惟日不足矣繼離者君之德新常新焉一大化之無
工
停機也未得半而苟安檢身不及之謂何湯若曰方新之緒引而
更精
長焉既新之途驅而進焉蒙而思開前弗敢恃震乃礪厲後弗敢
護其所止蓋思日孜孜矣且夫斯盤也日日用之豈曰前日濯身
而今日舍垢也則其新也亦日日新焉豈曰前日浴德而今日蒙
典切
污也日與新相適則知大德之懋昭無間于日日而丕顯非徒昧
爽且夫銘斯盤也日日鑒之豈曰前日觸目而今日無事警心也

則其新也。亦日日新焉。豈曰前此洗心。而今日無煩滌慮也。新與新相赴。則知建中之大原。必純于日日。而聖敬乃以日躋。雖然。新而弗繼。猶弗新也。新而罔終。猶弗繼也。更觀湯之又日新。而信湯之德遠矣。宜乎九圍式。而民德新也。

學院程老夫子原評

科錄中饒有流走之致利器也

日日新　依原評點

學院程科取縣學一等二名　莆田林仰高

新之不已也與日而無間已夫新固不以一新止也日與日其相積新與新而遞續其斯為無間之功歟且萬物出乎震而即繼以離誠以一振奮之後則（文氣警勁）精神之煥發正當有方與未艾之勢故不已者天道遞更而不留其故無息者聖功默運而時貞其凋而謂繼離出治者可不法久照之健以成思永之修耶如盤之以苟日新銘也固新之已開其始也何忽有此一日也然亦新之方發其機也又何以無負此一日也天下最難者繼起之功恃其氣之方盈謂少間焉而無傷即此一刻之自謂無傷將欲息之志遂促餒其方盈之氣而竟至

不可以復振而最無難者亦繼起之功乘其志之初奮雖欲罷焉而
不能即此一念之不并自罷將甚盛之象早已策其擁勵之志而必
無自弛于半塗蓋又銘之矣曰月日新凡物苟為其可愛自不忍愛
之稍疎數偶有不堪愛之時可愛者一日之新而以銘心追其恐心
恐新之或息後者無以嗣而續之即前者無以葆而完之也玷既不
（得以甚尋日宇意）
留斷不復假以可留之隙月日之濯磨固自愛之甚而常防其或至
不堪愛也則若惕者自皇皇而靡寧爾凡物又必有所不自愛或
（所皆終覺月日）
愛其一得終且無可愛之實無可愛者止一日之新以不復愛而思
後勵勵新于方來毋以前念為後念寬其功轉以後念為前念進一

境也勇于能棄則正難量其能取之初日日之屏除久能不自愛而
不憚力底于真足愛也則有志者正亹亹而忘倦爾知識必日擴而
日開始之新也大懸其莫歷矣乃日復一日而微瑕之所伏且將悉
是日日
照而無遺此以知吾心之鑑用而愈精故累我之新者固造起以相
遍而我之新之也亦屢進而加嚴日無盡期即新無已時豈有日知
其所當新竟且欺其所知以蒙垢才力亦日用而日出初言新也
咎其畢棄矣乃日以繼日而細行之不矜必欲祓濯于大醇此以見
吾人之勇鼓而彌銳而愈新而愈無寧以者功常責于不足隨日而
必不懈其新者必總不見為有餘也新以日為程日若以新行迫豈

中庸

有日能力致其新卒或負其所能而近乘天運于上而日新不已所以著行健之功聖懋其修而日新無息所以勉自強之撰蓋秉于又日新而新民之本乃以立矣

學院程老夫子原評　日日新　林

其體雖重其思沉剔浮薄輕滑之習絕不犯其筆端

湯之盤銘曰 一節 周鍾

商王新民之學即銘辭可繹也夫湯之新民至矣其言曰新乃載于盤銘以見古人存心其勤如此也且聖人為訓于天下皆非一人之事與一世之道也而衷其至者以古則雖一代之治散見于文辭者取而繹之恒有惟日不足之思焉當有夏之季世之昏亂極矣湯起而新之其鼎革者關于天運民風之大既可告之上帝以共白其無私其憂勤者存乎簡心劇事之微亦時著之小物以自惕其豫怠如書之所言新姑不具於若維盤有銘此亦器之至小而微戒之辭一敬聽焉未嘗不懼古人之立心如斯其至也銘有之曰苟日新〻〻新繫之以日法天而至

從新民章意〇入手

是有□□銘

周介生稿　大學

周介生稿　大學

盤也。天之心在焉，人之日在心，有其始之而不亟繼之，無以濟夫日也。銘因有進辭焉，曰日日新，言漸積之也。以日日繼日而勤學也。天有不息之學著于日，人有不息之心存于學，有其繼之不克終之，然以廢其日日也。銘因有加辭焉，曰又日新，言新不更其失，而又新，則益其義，言與日而相生也。天之日生于動，以不已為命；人之日生于靜，以自強為功。日無盡新，亦無盡，殆有悉數之不能終者矣。于是知湯之憂念其民，其瘝為己篤也。萬方之習染未除，彼彼然有疾痛在身之懼，至于洛嗟在後，以自明其德，代請命之心，而修省之誠，儆于心，日新，雖器用而不敢亦嘗日休惕，作誥曰德日新，萬邦懷也。盤銘考之，不益識其懋敬之修也哉。于是知湯之愛其民而益以儆躍其躬其念爲靡窮也造邦之始深求靖惕惕然有身在塗炭之苦至于霧靄明齋以大變其風俗頹污之舊而清明之躬惕于志氣者則宵旰而不敢怠俾日日孜孜陳戒曰新厥德而一終始由盤銘合之不愈見其義禮之制也哉故斷取其詞以爲有天下而新民者法焉

句句是釋新民大旨却筆筆不脫却盤銘本意中三比粘日字發議更見悚切

湯之盤銘 二節　周震生 游需

兩述言新之書君民共勉其自而已夫銘言自新誥言自新之民湯武之王所以新民者不大可思哉且自天子至庶人皆有一自明之責而必易明以言新幾疑自明之外別有與民更化之端矣不知君先民而自新者亦君與民而交新而其振勵之本鼓舞之權則仍以君之自新啓民之自新古大人繼治道同其訓詞已彰彰著已一經何以言新民哉夫言新者在風會之交則勵世磨鈍之揣為與上古之渾穆自異故振興必著于商周一而言新者責在性情之際則奮發有為之氣與中才之委頓殉殊故神聖並推乎湯武

學簡練

虞山人文　大學　讀稿

維湯有銘曰苟日新日日新又日新夫盤以潔身何與于心而必
銘之以警心何與于民而以之釋新蓋其視身也合內外以為身
（引經尤切）也貨利殖則身多蔽聲色殖則身多累一日不新何以補乎始之
中之終之其對銘也如臨朽馭矣且其視身也合己物以為身也
一夫不獲惟予辜萬方有過惟予罪一日不新後可償乎始之中
之終之其視銘也如顧民岩矣因思自之能新也君與民無日可
（勝析）相貸也深宮之內隱之有一新之象焉不敢視之民也然而民之
新實特藹此甚矣新之必自也君與民又無日不相通也深宮之
內明之有一新之本焉無不可見之民也然而民之新正不欲恃

諸此于是有推日新之旨而立新民之則者曰作新民謂民有自
民日新之則朝乾夕惕亦日用間事耳何以修德之餘民實無良
（作字學家）
而茲則奮然興也蓋智識雖由天賦不激焉則不出也謂民有日
民已新之則朝考夕糾亦閭閻共文耳何以從欲之後尚慮頑讒
而茲僅蒸然動也蓋懲勸本乎君相不示焉則不聞也然後知作
誥之旨即作銘之旨也蓋新之理愈進而愈長以恪誠之意先民
（語周密）
則我后獨中之日月皆民間隱易之居諸不言新民新不獨新也
新之量愈廣而愈奢本黽勉之學治民則小民共竭之精神即天
子方興之志氣不言何以新民新無二新也若是者所謂極也新

之極通乎帝命也八

句〻是釋新民○上下各講中作過峽二比亦用一反一正法

最一篇之警策　錢鳳沙

一君先自新一振起其自新之民扼定自新兩字[illegible][illegible][illegible][illegible]斷鼓

想數詞俱高超精警非尋常思議所及　侯東衢

精神團聚饒有清剛之氣　謝憲南

浙江師學院月課 皇甫鯤

仁和縣學一名

日日新又 新民

新務乘其機、君民當交勵矣、夫已新者當繼其勤、自新者務善其作、商周之君子所由乘機而加勵哉、傅者謂自古新民之主。非徒開其端已也、君心既克自勵而無以繼之、則神不聯。萬物亦有轉機。而無以震之。則氣不竦。此皇衷與民隱。均當因勢而利導者也。然則自新以新民者。一言日新。而未能曲折以赴其程效。勤以要其宿。無。以。觀。我。何。暇。觀。民。此湯于盤猶：有詞也。更銘之曰日、新又日新。匪曰民。伺其作輟之間也。日與日相繼而新。不與新相乘。即內鏡不已。開其隙乎。夫續者絕之轉也。預防其中絕而作其

詞旨研鍊。

交、借、下、截、作、挑、。

原○許○借○語○可○味○

精神以相守斯重離繼照而澡雪遂次第以相承匪曰示民以振
作之準也日既積為又日而新不增為又新即前功不已多所棄
乎夫勤者怠之伏也溺攜其將怠而作其志氣以相激斯日昃不
膺○○瓔珞帶
遑而滌濯至成功而益勵而旨云爲日新而已哉今夫稟天錫之
原評落下截
姿而睐爽丕顯湯罔以日新又新者統九圍而作式則夫宗緝熙
和清上纖鈦繼細密
之志以勗我孟侯亦宜以日新又新者盡寡兄之誥誠然而一篇
波瀾意未平
之中既以殷先哲王屢為弱弟示宸修之準自當以明德慎罰亟
與悲人謀更始之圖君子讀書至康誥未嘗不嘆商之季也武起
而代之其自新以新民者無與撥也作新之責不彰彰可據哉感

興王之格被而忽思後濯是民之新業處乎先而作之者已乘乎
後以後者篤之而愈密其倦勤之隙若民一日弛于鼓舞即已一（綰結日、妙）
日間于昭融也有日遷善而不知者矣本天良之未泯而恒思粹
厲是民之新已處乎因而作之者轉如其創以創者鼓之而適迎
其勃興之機若新民者之急于更張即自新者之難于再鼓也殆（綰結又日妙）
（層鮮恰好）
又從而振德之者矣其本自新而作者非即日新又新之意哉迺
知君德必要其成引而續之功之密者無疎日人心難即于久乘
而策之君之勤者無莠民殷盤周誥悉諄諄于其繼也有以夫

新出民之自新一層與銘辭首句作配而以作字一層配上截

二句。備是人所見。及玲瓏纓帶。都從心孔中結撰而出。題之講絡無不周密。鍊五色石以補天。應是幾許工夫。

日日新　皇

湯之盤銘　全章　　侯之緹　米人

為新民者亦其極商周之盛王可鑑也蓋有其極而後能自新以新民商周之盛王知所用矣後之君子可不以古為師乎今夫居三代之後而欲致斯民于三代之盛論者以為難而吾謂其無難也夫三王不易民而理千聖不易道而興苟上稽古訓而得夫脩己治人之藏執又安見斯民不可以三代迄治也請為新民之君子援古古有新六百祀之民心者湯是也是懋昭之君子也九有視為矜式而盤銘所戒惟兢焉先天下而自洗其身心此何故也古有繼商而新三十世之民心者武王是也是執競之君子

也。四。方。仰。為。君。師。而。康。誥。所。傳。惟。惻、焉。合。群。黎。而。相。動。以。情。性。

亂。何。故。也。古。有。先。聖。子。而。新。三。分。有。二。之。民。心。者。文。王。是。也。是。緝。

熙。之。君。子。也。一。生。安。于。版。寧。而。詩。人。所。咏。乃。煌、然。渊。帝。命。而。頌。（一。余。来。拔。大。家。手。法。）

喜。其。更。新。此。何。故。也。此。無。他。故。皆。用。其。極。也。湯。用。其。極。而。九。圍。以。

式。武。用。其。極。而。萬。邦。以。綏。文。用。其。極。而。六。州。以。化。夫。亦。可。知。御。世。

之。有。本。而。斯。民。不。可。不。以。三。代。之。治。〻。也。鑑。往。事。而。師。資。非。君。子。

之。責。而。誰。責。哉。蓋。極。本。乎。天。苟。德。不。安。于。小。成。業。不。狃。于。小。補。在。

在。而。皆。以。天。自。處。則。其。極。立。矣。極。之。所。立。不。以。今。古。為。同。異。不。因。

成。衰。為。汙。隆。君。子。之。所。以。宮。有。日。新。開。物。成。務。必。於。是。乎。用。之。而。

天下由是有盛治極要於中苟惟精以察其趨惟一以守其則在
在而皆以中為準則其極定矣極之所定增毫末焉而不可少毫
末焉而不能君子之所以範圍天地而成萬物必於是乎用之而
一人而是有徵獻夫極無不用則民無不新雖商周之治至今存
可也不然者繼日誦日新又新之語日佩作新丶命之文恐成湯
文武不能以其遺意告之後人後人亦安能以運世無忝之為與
成湯文武爭烈於千古是誰之責哉是誰之責哉

元氣元慶洋溢筆端臨場作此種文字自當樹幟文壇　黄天嶐

在不陵言遠諸家之迹而氣度自然與頡頏　江日昇

湯之盤銘　全章　施閏章

新民有全學稽古而立隆焉、蓋新無不曁、新民之極也、君子其繼
美商周哉、今夫王者肇造區夏、未有不予天下以更始者也、然古
后光被一世、惟是欽懋厥躬而考俗底於平章、升中告之、寔漢皆
有動〻無盡之心、與天人相昭格焉新民之自虞夏者邈矣請言
自新〻命歆以治而出
商周嚮命方興、風聲在沿革之間、而法所不能易者示之以德則
惟昭日躋于聖敬、而下民有其周行、詔令伊始、上下在祇承之內
而嚮所未易祈者、協之以休、則惟勵星拱于宸修、而上帝有其歆
監、爰採詩書所言與詞總之不離言新者、彰〻也、湯盤銘之矣、王

本朝名家傳文　大學

者憲天立學有億年不拔之基則無一日可懈之業，矧湯之創正

許不經

學不同凡未

乎要也有戒心焉念茲在茲無敢逸豫湯之先民而建本率如此銘也康誥陳之矣王者代天臨眾有萬邦為憲之猷必有一人作所之力矧康叔之徂侯于衛也懼惰德焉為翼為匡示以不佻武之齊民而寡過率如此誥也周詩又咏之矣王者膺天眾曆有四海數錫之冀必有奕祀長發之祥矧文之對越乎上也有積功焉

一束

亦臨亦保仰承無替周之得民以熙及率如此詩也猶然商周之

從容和有風度

君子用心于維新者抑何人已交修上下同符也斯為新民之極乎君子知所取法矣聰明天授必以學問著首出之尊故夙夜自

○鎔○貢○三○節○

濯而俗泯風戀兆庶允從而瑞徵褰懷所為以一新無不新者全

聖德于無疆迪履日嚴必以高深樹會歸之則故斧藻清和鶴應

○然○自○是○　○無○所○不○用○其○極○

無以淑物神人協應猶懼無以答天所為以既新而新無可盡者

藉皇躬于無斁後有君子可不以三王為法哉

襲局未大不蔓不支其秀雅則石韞玉而生輝水含珠而川媚

湯之盤　施

第三十册　卷八十八

湯之盤銘曰　二節

國子監徐太司成錄姚培衷
科侯補教習一名

自新以新民，觀諸銘誥而可見焉。蓋必自新而後民可新也。銘曰日新，誥曰作新，不可考而知哉。且古大人欲合天下以明其德而新民之事起焉，故先天下而勵其新者，時切洗心宥密之思；開天下而更其新者，無忘鼓舞羣生之意。詞有異致，而理寔相成也。試一觀之。

抉新民作主

裴掄嘆整

湯夫湯之表正萬邦，其新民所不待言，故其濬明旦於皇衷者，惟急急以自新為圖。聰明不敢自恃，勇智不敢自矜，天道之常新乙成日運於不息，而人事之求新也亦日進於無疆。朝乾而夕惕者，迄今讀盤銘而想見其慎終惟始之心焉。曰苟日新，日日新，又日新，儆日即以

補華節古

看筆出手妙

開拓

（羲論乾坤揆見符來）
警心舉六百祀之基業已肇造於一日之維數湯身既以浴德統六
七王之賢聖更早卜於後日之可久承有夏之昏德而本陵肅為懋
（眼射新民）
昭則湯之先天下而勵其新者有如此銘更一觀之武武之謝勝
（補華縮上）
陳書其自新亦不待言故其切恫瘝於乃身者惟兢兢以新民為業
（對伐王歎）
厥心時虞未底迪屢尚憂未同天之孚佑下民也既作之君以為新
（舞命鑄策）
主而君之保又爾民也無作之師以振新猷分封而弘訓者迄今讀
康誥而想見其光前裕後之烈焉曰作新民敬明乃罰而元惡大憝
刑茲無赦者盡去其作怨之端勿替敬典而酒誥梓材重為申誡者
更多其作善之教反有商之虐政俾滌革心於昭代則武之開天下

而更其新者有如斯誥後有新民之責者其亦知法盤占而可哉也
格正骨蒼艾干予謂老手遇合之文要有一段深摯入人之氣茲
篇殆其先聲歟　原評
兩節題惟上節頗難安頓恐其離却新民也似此匠意經營纖毫
不爽而又聲采煥發讀書破萬卷下筆如有神堪舉贈矣　王汝山
湯之盤　姚

湯之盤銘　三節

馬倬

引三王以釋新民、人事盡而天應之矣、蓋新民之道、本天者也、自新以新民、而天命之新在是焉、商周之際可以觀矣、且王者奉天道以治天下、將欲使天下洗心滌慮、而共沐浴於大化、則所求於民德之新者至急矣、顧新之理君與民共之、而新之事君必先民而治之、夫惟法天以自治、即奉天以治人、而固有以孚乎彝德之天、而無所間、古聖王更化善俗之道、概可睹矣、經所謂新民者何謂哉、吾思維皇降衷若有恒性、而克綏厥猷、必屬之元后、是故新民者、人君之所以上致天命、下念民德、而作之君師者也、然而必自新始、吾讀盤銘而

三節一串直貫

迭節倒入却自渾成

知湯固不遠求諸民也。當景亳初定之白方以為聖天子必大起皇猷以被澤天下之俗。然使一身之未新。彼紛紛者孰示之型乎。是故萬物之氣推動斯奮以震厲之意新之而無累以捐西序之運惟總斯承以強（下二新字）敷之力新之而光華以著睹斯盤也。雖小物之克勤而實大德之懋照。日新又新。何在非顧諟明命之心也乎。蓋湯之不邇不（五筆妙有針線）殖以立新民之基者有如此。吾讀康誥。而知武固不固任乎民也。當永清者定之日方以為聖天子必垂拱無為以坐觀德化之成。然使一隅之未新。彼紛紛者孰挽其趨乎。是故蔽錮既深則微言不足以動作之者為木鐸之徇焉而後可以開其志乖急弗協則強教不足

心興作之都有鼓舞之神焉而後可以振其氣開斯誥也一人有振
德之化而羣黎有遍德之休新而言作何在非保民宅命之心也乎
蓋武之蕩蕩乎以廣自新之用者有如此雖然商之治民也而周
受之周之新民亦不自武始也粵稽武王之告孟侯也經德秉哲既
欲其敦求於成湯而紹聞衣德更欲其祗適於文考亦可知大統之
集有自來矣詩不云乎周雖舊邦其命維新念自厥初生民久著[illegible]
天之眷然歷數世而不改侯封邦雖舊而命未屬也高山天作平[illegible]
而衍之緒一再傳而僅免播遷邦雖舊而命有待也一自明德通
於帝謨惟冒聞於上帝而誕膺成憮若承天命而來崇墉肆伐天

譬亦藥之藏
若奉天命而往自非文德同懋有以大和其民人孰能當此受命而
興者乎若此者以體天德至健也以數王道至溥也以昭格上帝暨
感多福至大也後之新民者讀此宜慨然以興矣

雄才一往莫禦却能各自梳櫛眉目洗發精神章者節者一一清
細此才與養兼到者若國初李石臺第三節文字猶未免以才情
掩其本義耳　靈階

湯之盤　焉

又日新

馬世俊

猶繼之終而仍不忘新之始焉蓋至于又日而所為新者與日俱
永秉湯之自新猶有競識丹垂者當更姓改物而勵迪之者常至
便切本旬　破入又字
于再三而不厭者是何也百代同符而又有不相襲之統所以明
此章也終身靡懈而又有不敢息之功所以儆晏偷也說在商王
從上潛豚便宗孚又
之銘盤既由日而繼以日矣一日復一日而新果無所終乎王者
神還
以久道化成勵孫葯無所終則可懼矣是當求其有以繼之者乃
開會央及此比畢透快
繼捷撰賂之隊月復一日而新果有所終乎王自以自強不息為
心為有所終矣可懼矣是當求其有以繼之者乃得破因仍之習

應試小品觀　　求學

載稽銘辭何其繁而若未終也曰又日新藻勵其力勤爾或借給

不連上

自之勤以攝今日之急當可藏乎惟至于今日而又加勵焉則景

象之一變矣藏此身之或即于偷也天當明旦之後而所觀升

精○甚○却○又○切○緊○

若屢光之朝而不恩擲沐漸之屢進而恒見其本體者有如

此盤一洒濯其靡倦爾或棄此自之倦以代異日之勞容可代乎哉

至于異日而又加勉焉則志氣為之不著矣恐此身之量能千歟

也天心隨巳久復而忽防垢之中乘君道既已重離而仍如霧之

○句○矣○王○謙○是○人

初出撥之闕久而愈表其源來者有如此盤吾觀于何從之語有

沐浴又字翻法

日新之六矣要亦勉其又日新者耳當時與歸功已不復辨名之

貫列之界似無間可入而廸何以謂慎終惟始乎廸若曰我亦
恰好証佐
之無息又日也革亂之日斷續開治之日又然則何不然也哉吾
觀于阿衡之書有日新之訓矣要亦望其又日新者耶當時總說
尹是告太甲關合湯說乎巧
之穉已長彼昧爽丕顯之靈似鑒觀在上而尹何以祈終始如一
乎尹若曰我憲嗣王之法先王亦無息又日也開創之日既然守
別開柔面
叶又然則何不然也哉以藻躬者兼德雖月異歲遷而猶不
業之運以飭己者飭俗雖道更世改而有相繼之熙至哉周代嬗
而其言新者又可考矣

神注又守蒙上而能截上筆鋒甚銳氣味自厚不銳不初不原

應試□□觀

不精無一字不經鍛鍊而出○尚書兩處日新与通節俱可移用偏借慎終于始惟一二句套拍又字讀書求間只在物邇不在遠也○郎庸濟

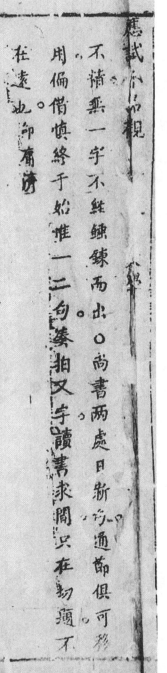

湯之盤銘曰　一節　　徐廷槐

湯王之自新立其基而無間焉夫新有其基斯之既立而日新又新要於無間故言新者必首盤銘云蓋古人之學未有不以自新為首務者日用之物觸目警心皆其學問所見端以此見聖人之克勤小物而反身復性者之無時息也如湯之自新其所以銘盤者可誦焉一夫新難言矣物緣所附以為質而習以成故存之不覺（眼前即）其多去之乃覺其累矣（理天外齊照）本非所素有而得以相附者我離其質彼得所緣也故貴乎舍故而就新焉一物尋所積以相加不獨於其舊變焉則與為朝夕祛焉且難忍以須臾矣本非所固有而因以漸

積者我有可加彼得相尋也故貴乎除舊而更新焉夫誠翻然勅然克自振援志氣於此而奮精神於此而生則此一日之間所以始之終之者已即此而裕然而統之則終身此一日之推分之則（三句境地功候）一日自有一日之事聖人之心正何時已哉遯搽之有要豈慮其荒（細蕩入骨）於嬉特患日忽一日知其昨之無非信其今之必是即其意念太（如秋鷹）勝之下係無絲錯之接日日新焉綿綿延延猶是前此之新而意念深矣而猶未也循之以漸當必勿忘所事特患日復一日幸故吾之可守乃今吾之可寬即其刻苦已甚之餘或有因循之弊又日新焉乾乾惕惕猶是前此之新而刻苦至矣夫苟安者無志遷

就者多岐此亦何足言至若淺深離合之間一不自力則初頭不終欲以幾於日新之域未之或有讀盤銘而知湯之所以新也以其一日至於終身不敢自恃不敢自足而必充之以至於其量者有知此吁此新民之首務也

老心潔

刻畫之至歸於自然起二比從盤銘落想喻正雙關使人百思不到又一望可知則其體物情之妙也 蔣泉委

陵陵用意吞服其細而尤怖其勇 錢載錫

藝淨法齊以興心發其精理位置應有文止大小之間 程原大

洗發新字雋妙真是水月形容必將身心較論從盤銘粘合則

 大

索然少味矣。古文如大戴記所載武王諸銘可見。殃不至如參

人之拙也。汪師退

湯之盤銘曰　三節　徐掄元

自新以新民而上應乎天命矣、蓋新民本於自新、而馴至乎新命也、盤銘詩書不可連類及之哉、傳者釋新民以為經言明〻德於天下則知天子之明與天下共之因以知庶民之新亦無不自一人倡之也此其出身加民下應上符猶見三代之治化焉昔在成湯天錫勇知表正萬邦固有新民之責者也碩其深宮自惕不汲汲於彰信兆民而小物克勤惟皇〻于奉若天命盤之銘也取諸仲虺日新之誥而圖其始有震動奮出之象焉圖其中有繼長增高之義焉圖其後有〻加無已之思焉夫乃知湯之自新為不可

凝重

自然鈎映却合是首節界限

徐來夜時文　大學

及也此聖敬所以日躋而民之戴商惟舊未有出治無本而可遽（古奇筋脉）語于民新之效也且夫民之新也彼豈能自奮于一日哉即能奮（清而腴）于一日亦豈能持之以無間而要之以有終哉故汙染之俗因任焉而民苦于不得新矣在相其勢而振刷之張弛之日廸倪焉而民亦患其不能新矣在迎其機而利導之武王革商之俗繼湯而新民者也其語康叔以作新民所謂師田學校修之非一日之功强毅悅安成之亦不止一方之化出治之原在此基命之本亦在此矣何則新之由上而逮下者朝廷中外之交孚新之自下而感（抱首節落三節議論精警）上者天人志氣之協應人知武王耆定之年大反商政其新民固

顯而可見。不知文王脩和之日。昭事上帝。其新命尤切而可憑。益民之視傚在君。君〻新其德而民罔不新。此歷年所以日永也。而君（不脫上二節）之視聽在民。君新其民而命罔不新。此天休所以滋至也。文王之詩所稱舊邦新命。此殆新民之至。并其天命亦與之俱新者乎。然則讀銘誥之辭。則知體信以達順。繹詩人之旨。又見盡人以格天。後之君子宜何如哉。

一般蟬聯。他人只序商周世系。牽連銘誥詩作關會耳。此幾是自〻新〻民以至於新命。得傳者引述體不止筆關雅俗。儲中子先生

徐不夜時文

置身題外。步步提掇有神。宋念劬

湯之盤

大學

日日新又日新

陝西葛宗師歲入
延州府學一名　徐德輝

日有變而新有常止完其一日之新而已夫曰日日曰又日為時亦屢變矣而湯惟永之以新殆始終如一日乎大學釋新民而引湯之盤銘以言其本也曰大人之明明德非一日之事而終身之事也頑人之不克貞其明者其失有二願力淺則半塗斯廢精神敝則末路多衰此湯于盤銘一言之不足而長言之耳豈特曰苟日新已哉辰至而洗心維午其勉之未可以云新也夫日與日相乘繼續有象矣則皇躬澡雪義當準乎重明亦在而浴德維闇其成之亦非祈以云新也夫日與日相更煥發可睹矣則聖德光昭

精切

擒定

道貴協乎久照是故遞而數之則曰日日提而論之則曰又日湯
力為數日字洗刷思字演峰
于此亦惟曰新之新之焉耳天之寬人以日也固甚賒也以為賒
而新之功正可以常繼然以為賒而新之功又慮其中衰湯若曰
吾誠疾敬厥德矣奈何藉口于日之長也天道有往而復返之運
聖功無缺而復補之理新之哉毋盡爾志由緝熙以底于明用勵
為新民張本
爾神奮鬪健以縈其體中道纏綿而晚途震動庶幾大觀在上比
妙于虛擬
于日中之照也已天之客人以日也又甚促也以為促而新之事
正難于姑待然以為促而新之事又易于苟安湯若曰吾維懋昭
厥德耳慎毋假說于日之短也天時無絕而不續之機人事無作

而可毀之勢新之哉受之以漸毋昨是而今非持之以恒毋始勤而終倦優游淬厲而反覆提撕庶幾繼照四方不同日昃之離也已物壞而更新蠱象有垂戒之占矣然不過曰先甲三日後甲三日已耳若明德之新則與日俱永者也功程不可預計我依日而相忘瞬息不可少寬我遂日而增警謹家之功與振奮之氣並持于瞬明迭嬗之餘而新之日進無疆者直上接寸陰是惜之專事徼而謀新巽五有申命之文矣然不過曰先庚三日後庚三日已耳若明德之新則惟日不足者也性天之域無可增我循日以導其常學問之境有可升我閱日以徵其變貞恒之力與危悚之神

交妨于晝夜推遷之下。而新之日躋難攀者。且下開夙夜基命之學。要之盛德光輝不外窮年之顧諟。而畢生祓濯祗完一日之脩能。是則新民之本也。

於日、、又日造意。故渾發能劃清上句。精心銳入。于駿先生文外另開壁壘。趙奇三

思沉則氣易滯。文乃軒舉高翔。昔人所歎為風骨俱遒者也。陸嚮直

苟日新日日新又日新

十三名　高斈濂

商王警心之學有與日俱長者焉夫德者本也日新不已明諸心而徵於銘商王其足式乎傳釋新民必推其原之所在因述湯盤銘之辭曰惟天行健聖人以不息應之良以與天下相見於明旦之天者神必周於千載而功先要於一心合初終以課全功聖學於是乎深即王道於是乎立焉夫湯固懷萬邦而具日新之德者也勅厲凡於桓撥開基之始則新不在外治而在内心豈嘗含垢而納垢斯難矣何嘗不潔而潔清非易矣惕又乎時存一未新之想而隱微之根蕃何窮勵純修於智勇天錫以還則新不尚更張

而尚來復無所為始而湛然若若劃矣無所為終而炯然者加警
矣猶又乎嘗若有終身之憂而夙夜之黽皇倍切夫果閑存匪懈
洗濯維勤斯昧爽之所以丕顯也否則義取澡身功醇浴德則朝
夕之所為惕厲也而於是新之路亟矣情以動而始懷畏而確者
聞灵沸瑩焉則永朝永夕潔齋而參天地之心乎抑無忘所謂矣
功以引而彌長因而重之如環无端焉則念釋存茲振拭而維幽
明之撰乎抑有加無已矣性以貞而不淪從而振之如往而復焉
則令終有俶粹美而開帝王之蘊乎此其間有積漸之力有精進
之程日之相繼也德取諸陽而新之機則主於不已不已者陽德

之嘉也由一日而推之畢生而斤念而充諸金休曆景以追而上赫之功在以旦晚視之誰謂當陽者之不以漸而章哉日之光被也義取於臨而新之象則主於相生相生胥鑒臨之本也從近以該乎遠先易以及其難日昃不遑而震業之基祇以聖敬惟之誼謂臨照背之不求進其學哉苟日新日日新又日新商王警心之學如此蓋質於冰鑑說可參諸典寶之遺道在沃心業遂渙於升階而後懿與何道之臧與

湯之盤銘　全章　孫籀

備舉新民之義、君子懋厥　矣、蓋新民不本於自新、與夫新命、於極未有常也、湯文武異辭而同歸焉、君子用是加暢哉、傳者曰吾觀明明德於天下之君子具精神常有餘於世而一世咸為丕變此非極之天人協應不止也蓋萬方之則徵始於深宮而居德之昭融終於帝眷後之君子眾觀大義而求盡天下之無窮未有不法古而用懋者也由新民之說而推之有不自民始者有不自民止者未可一詞盡也王者有整俗之參而道尤嚴於自治故下靖嘉師即上昭寅恭皆能以懋勤不遑者徵敬應之休王者有更始

（萬世見厚力）（命從新民）（自新）

本朝歷科墨卷選

之學。而德必極於尚天。敢議。道會。總物武化在人。要當以谷藻彌
音一○案○題○意○使○不須補斷
精。著著。和。恒。之。照。懸微之揚。夫。游之能新民也。明。其。命。讀。盤。銘。殊。
不。欲。先。言。民。者。何。居。誠以尤。潤式而萬邦懷。非。極。以。日。躋之敬。尚
新。之。用。無。本。也。然法天至月。屬以然。行。其自新。有如此。再徽之武。
夫。武之能自新。小。明。甚今服康誥。殊。不。欲。近。言。身。者。何。居誠以弦
總○以○極○空○作○眼
玉服。之康僖又。非。綏戀。和之勅。則。新。之。用。不。振。也。故。更。化。濯。俗。皇
然奮厲真新民有為。此終。徽。之。文。夫。文。之。能自新。以新民也。又。明
甚。命。誠大。雅。殊。欲。壽。言。新。命。者何居誠以高山作而世德昌。非。極。
純。嘏。之。祉。則。新。之。用。不。殫。也。故積累肇基。誕膺多福。其新命有如

○○○○○○○○○○○○○○○○○○○○○○○○○○

此亦此三王皆始終立新民之極者也是故君子瞻覽商周間於銘得一鑑焉於誥得一鑑焉於雅復得一鑑焉寧敢不勉〻以繹（単行自妙）厥用哉撫世馭物道不妥於小成故圭璋已式猶曰匹夫勝予下民徧德循曰上帝來馨而必以夙夜勉圖永飭厥躬於彝憲明道開天學推取士光大敦風俗已奏醇良尚云特予華戢殺已承寵眷尚云難諶信而不以民命懷歸必誅宥容之勤修新民有極君予用之無盡矣

新民章旨也自新〻民新命〻節旨也〻每節將自新〻民錯綜而入極字亦即透二股內別見後於〻然其勝人處在通體蔚勁有

古氣耳。韓慕廬

提起新民作主中間仍還三段平叙末節渾發不分自新之民作對製格極妥而文氣亦醇厚

苟日新　曹一士

新有其始決在一日矣夫最難奮者新之始也銘曰苟日新其新豈可量乎且宇宙非盡常潔之物而吾心原無藏污之理夫污者而使之潔此非聚畢生之精力何以振興于一旦也何則天下事因易為力創者難為功則深宮之祓濯錮蔽已深何以忽呈其柔抑天下事久者易為臻暫者難為奮則偶爾之磨礪志氣方銳何以倏耀其光蓋湯有銘曰苟日新從屯蒙中而為之啟焉殫吾之精竭吾之識斯一朝奮發有以革故而將新向者迷今者悟矣在積習下而為之激焉壯吾之氣堅吾之志斯一日刻責有以舍舊而圖新向者怵

便注苟字。苟，誠也。是奮然用力，非徒對偶看。

拔起千仞，非蹈空成迹。

今者勤矣袪妄以求真其有形之妄易捐無形之妄難捐而廼于自（語極鑄所）
新者精神勅〻正以污之難捐而奏功于此一日閑邪以存誠其在（不脫首字）
物之邪有迹在人之邪無迹而勇于自新者意念皇〻正以邪之無
迹而克治于此一日此日新者較之未新者已更其象較之已新者（心細如髮）
初立其基夫立其基果可恃乎而未嘗不可恃也則新之者不可不
圖于始此日新者與故遠為隔其新之時為深與故近為隔其新（思入風雲）
時為淺夫時之淺果可恃乎而亦非終為可恃也則新之者不〻〻（忖不測）
畫于始明以察幾惺〻不昧而不昧第為一日之神明健以致決捷
孳不息而不息尚為一日之勉厲故繼之曰日〻新又日新

語經鑿心而出抽絲剝筍精神百倍

苟日新　曹

湯之盤銘曰　一節　　許勉焌

先天下而新其德、聖人以此洗心矣、盖滌民惟身、滌身惟心、日新又新、在昔成湯用銘厥盤者、尚監茲哉、傳者釋新民、必推其本於明德也、而曰德惟治、否德亂、治不於治之日、必有所由基、亂不於亂之日、必有所由兆、先王懋敬厥德、無時豫怠、惟以一一明範衆、（根上章緒脉）明即以一新偈衆新、可明者易昏、還以自鏡焉、日明恒于斯、日昏恒於斯、磨之鑿之、而勿以積昏也、（秋水滌霽皎天浸樓）新者易垢、當于水監焉、日新恒於斯、日垢恒於斯、祓之濯之、而勿以滋垢也、湯之撫此盤也、唯恐汙乃身、（取材商書書無龐襍）汙乃心、無起纖以自臭、而其著諸銘也、唯恐欲敗度、縱敗禮

許思嶠稿　大題

無速戾於厥躬若是乎新之難也革彼濡染奮我昭融非新之難

確切前日引明三書真著天道地設

也而創之難若升高必自下若陟遐必自邇徽乎新哉爭此一日

確切日

鼓我中衰戒彼半塗非創之難也而繼之難德惟一動罔不吉德

二三動罔不凶危乎新哉爭此日三策我儆勤振頹末路非繼之

確切又日

難也而永之難慎厥終惟其始終始惟一時乃日新邇乎新哉爭

從四

此又日旦盤在前一如天在上曰明曰旦於以滌慮而洗心故新不

日字洪發原始要終義無餘蘊

一新愆臨以昧爽之丕顯銘諸器不啻銘諸心夕惕朝乾于以澡

新字精

身而浴德故日無間日恒至於日昃而不遑寐而操焉將有存而

微　新字廣大

息有養則疵纇胥蠲永而貞之月有異而歲不同則清修益粹盤

銘之義。猶是顧諟之心。湯之所以彰信兆民者。此日新也。湯之所以永保天命者。亦此日新也。

不吐周秦後人一字。潔靜精微。語語從訓誥中來。張華高

秋水在潭。秋月在山。瀏如朗如。清絕人寰。張貞符

精悍確古。如皃澤先生十五卷書。周務三

引据商書。箋疏商銘。峻厲嚴肅。氣體亦復相似。王義山

嶔奇瘦硬。米顛袖中石。祝掌臣

日日新　榜姓顏

于學院歲試龍溪

學一等第八名康文郁少嵩

策新于繼即日而加懋矣夫既已新矣而不勤于繼則始之奮者將恐渝銘所以致警于日日云嘗思天理無暫明而不蔽之會（了徹精當）人事有既奮而中衰之虞顧人事之中衰即天理之復蔽也毋謂崇朝洗滌易時皆平旦之清明淬礪方新轉瞬無不赴之毅力夫亦以惟日不足者續之可矣盤銘苟日新日新不已振于始乎雖然學迅發而易阽一時自克勢若可無前越時稍懈識幾乎弗勝故初念之靈瑩必以續念之再鼓接其先聖學斷無發而遂廢之精力之功以倍增而始（氣虛機審方家奉止）識夙染之垢雖不留于胸天心之貺豈嘗澄于懷故前此之洗刷端

賴繼此之精神與其惺聖功所以有脩而愚永之功能銘爰繼之曰

（英○氣○卓○絕○）

日日新惟乾行健而不息主日之精所以遂運而靡間也法焉以濯

磨吾方寸覺振于一日者猶易絕于日日者實難而正不敢以難謝

也乾焉惕焉祓濯不忘夫就將旦之暮之洗心惟一乎遜敏蓋靈機

暫關微或間焉塵將封矣而安得不從志氣警動之日彌加以法天

（精○雋○警○括○）

行健之實惟離重明而麗正兩作之輝所以繼照而無驕也效焉以

祓除我宥密覺奮于一日者似逸延于日日者較勞而正不敢以勞

（精○湛○剛○嚴○）

息也夜當未艾注念復旦之光華時方嚮晦旋凜夙夜之糾虔蓋欲

念方祛偶或蝀焉昧頻仍矣而烏可不從強力鋭進之初益深夫繼

日新明之功且夫天之寬假此日日也實迫人以即日倍勤之思蓋
以昔之過輒尚當昧爽今之闕存庶幾大明夫人之矢力不日勤即
日怠非責以日日則旋而新者恐旋而舊矣況乎理實難純縱積日
累勤猶虞中道弛焉敢坐廢此日日居諸耶而人之獲長此日日也
清瑩潤細似一幅水晶簾
正賴以償前功未半之憾蓋以前之勵志去垢未幾茲之潔躬貞明
永照夫人之懋脩不日進即日退非矢以日日則已新者猶之乎未
新也況乎欲最難捐即竟日殄尚慮纖疵秉焉甘忽荒此日日防
檢哉此智勇天錫功不廢于日躋故顧諟時凜乎明命執中自我戒
恒懷于日荒故明德遠紹乎放勳然其功猶未已也

緊嚴中有寬綽之致似沈憲吉藁中說理文字 原評

目之新

康

第三十冊 卷八十九

又日新（合下節）

張鼎

自新充有終新民可與圖始矣夫自新之所至難量耳若其日新又然而新新民之道可馴致之商彝周誥不宜並述乎嘗聞新民之本於明明德也未闡明明德不純而可以遷問斯民也故古之大人歷久彌勤慎終如始則迪躬以淑世其道將月趨而有功與思繼訓于今猶烈爾湯以征誅得天下一時之懋昭大德建中於民者夫固率天下而更新之矣乃三復盤銘有曰又日新何也天命不于常類此顧諟之一心毋曰明作而倦勤也末路之精神周乎內外較前此倍奮惟覺乾乾者法天之健而不敢即安人心亦惟

又學敬礼

危恃此聖敬之日躋焉曰半途而自廢也思永之功修禦乎遠邇
視纂者加嚴惟覺惕惕者立心之録而不敢稍懈此湯又日新之
陳斜過下
意乎吾為遐想其時敬德在一人淵懷邁天下商俗移以形其驗
厲則使累世而後幸乃祖攸行惟爾民胥傚景亳何以轉而鎬京
是知智勇之德傳為執競武之所以王也彝倫之遺弘厥保人周
之所以洽也乃介弟分藩寡兄誥誡於作新民之旨深致意焉又
豈無故歟蓋世非有商之世民仍有商之民習汚染者非其情念
祖德者乃其情也而作之者不可以不力固不必擇民民不必擇
地若有恒性者民之本然纔於匪彝者非民本然也而作之者不

可以不詳有開導之方焉新民者不暇逸猶夫自新者不暇逸也有涵濡之教焉新民者憲鮮終猶夫日新者憲鮮終也雖然敬勝義勝在周不乏箴銘克寬克仁在商亦多謨誥又新以盡自新作新以盡新民其理一也

不失命題之意無傷作文之體 原評

頭頭合款筆勁于鐵

又日新 張

第三十册　卷八十九

又日新康　新民

福建汪宗師科考福州一名　張　鼎

自新克有終、新民可與圖始矣、夫自新之所至難量耳、若其日新又然、而新民之道可馴致之、商銘周誥、不宜並述乎、嘗聞新民之本于明、明德也、未聞明、德不純、而可以遽問斯民也、故古之大人歷久彌勤、慎終如始、則廸躬以淑世、其道將日起而有功、興思往訓、于今猶烈、爾湯以征誅得天下、一時之懋昭大德、建中于民（映下新民）者、夫固率天下而更新之矣、乃三復盤銘、有曰又日新、何也、天命不于常、頓此顧諟之一心、毋曰明作而倦勤也、來路之精神周乎（又字徹扎）內外、較前此倍奮、惕覺乾乾者、法天之健、而不敢即安、人心亦惟

危恃此聖敬之日躋毋曰半途而自廢也思永之功修凛乎遠途
覩曩者加嚴惟覺惕惕者立心之强而不敢稍懈此湯又日新之
諫斜通下 如此說來是下自太宰話
意乎吾為遐想其時懿德在一人濯磨遍天下商俗于以形其殺
厲則使累世而後率乃祖攸行惟系民胥傚景亳何以轉而鎬京
古妙
是知智勇之德傳為執競武之所以王也毒痛之遺弘厥保人周
之所以治也乃介弟分藩寡兄誥誡于作新民之旨深致意焉又
豈無故歟蓋世非有商之世民仍有商之民習汙染者非其情念
祖德者乃其情也而作之者不可以不力國不必擇民民不必擇
地若消恒性者民之本然縱于匪彞者非民本然也而作之者不

[湯之盤銘曰苟日新日日新]又日新康 新民(大學) 張 鼎

可以不詳有開道之方為新民者不暇遑猶夫自新者不暇遑也
挽上亦大方
有涵濡之教為新民者慮鮮終猶夫自新者慮鮮終也雖然敬勝
義勝在周不乏箴銘克寬克仁在商亦多謨誥又新以盡自新作
新以盡新民其理一也

不失命題之意無傷作文之脉　原批

自新有終即為新民之本題意聯絡如此然商銘周誥未可遍
為牽合文于小講內略見此意以下亦依常格帶挽過渡却無
一句扭捏牽强尤妙在過下一段從湯之自新說到商俗又從
商之累世說到武王上下截鎔鑄無痕至其格法整鍊中文氣

考卷小題初學集

仍搁既越定是作家

汉日新

張

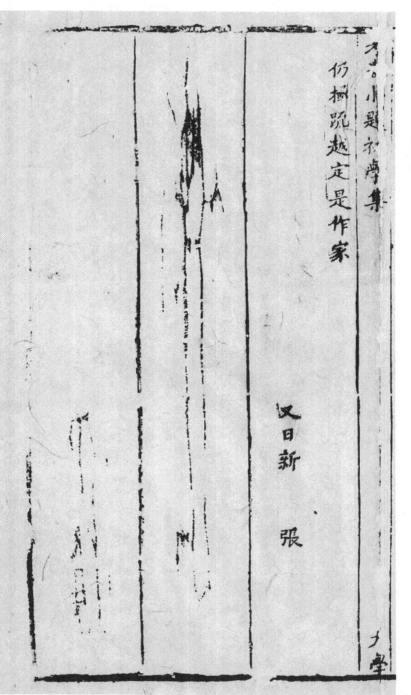

湯之盤銘曰　張　湄

商王自治之嚴而於盤三致意焉夫盤亦甚易忽矣而湯有以銘之其自治之嚴奚待述其辭而後見哉繹新民者引之若謂欲治乎人者必先修乎身而不忘乎遠者必不泄乎邇故雖以尋常日用之器無不可見聖王乾惕之心焉吾茲有感於成湯上承帝堯之統而遠（從新民引用語切）中則已之身固表正萬邦之身也一俯一仰何在敢存其豫怠之意（妙在緊承顧諟浴對語銘）下開太甲之緒而裕昆則吾之身乃視遠惟明之身也一觀一察無時不用其顧諟之誠故即一盤也以小物視之不過為潔身之具而以小心矢之直等諸浴德之資則遂著之為銘云凡人心之所息每

乘於所忽湯惟銘其盤斯審於大而亦不畧於細將隨其身之所歷

身已變承起脩

章法亦緊

無非閑邪存誠之學而自慥恒懸抑人心之所肆每由於所忘湯既

希定曰

銘其盤斯持於久而亦不弛於暫將隨其目之所觸要皆防微杜漸

字

從同字生意使銘字旁觀不枯

之言而操存彌固故當日者伊有訓焉虺有誥焉而尤賴此銘以被濯其神明則不徒啓沃於左右帝有典焉王有謨焉而必藉斯銘之

兩比收足自

蕩滌其邪穢夫豈獨浸灌於詩書噫湯之自治如此則其克綏厥猷

許為新民之本保使經語無不納貼

而求諸人者實先有以近取諸身而其懋昭大德以求諸巳者要亦無俟遠取諸物吾試進而述其盤銘之辭

典則凝重有鼎彝之光無追琢之迹　原評

湯之盤銘曰　　九名　張軸

商王功于自警而以銘心者銘物焉、蓋惟有所銘于心始有所銘于盤也、思深哉湯之銘乎〻、弗考其詞、且王者將胥一世而沐浴之、亦惟近取諸身而無庸遠取諸物為也、然而取諸物者正以取諸身、故德不必有意而洗心者彌摯、物不必在大而珥筆者無忘、古大人有寫其行而繪其意者、今猶嘖嘖在人口也、吾釋新民而有取于湯、首征誅之局、三風十愆、欲與萬邦時其敎誥而正不徒恃澳號也、原想貽之建、早自有維于心而誦于只者、而深思所寄、遂假目前之絅故以偕傳、湯本執復之姿、制事制心、早于一巳

（新民入手妙）（無賓淺語）（簡何精切）（原評：分須曰字、銘字、與）（節彭文有別）

謀其策勵不正潰恐其易忘也思不遠之鑒亦自有剔于心而怵于目者而與諸形容遂挾勍毖之神明以俱寓蓋湯之警心也切而其觸物也靈維盤有銘是可考也擴一物而非于我有關切之端雖嗜奇者流迹不欲釋而見異則遷矣乃盤固于我為周旋者（洗剔清盤）也進之則清明在躬屏之則藏垢可羞是非吾洗滌之方乎湯則以心寄盤即以盤策心而循環無端之義直與一生之功力為周旋一若明命在斯顧諟亦在斯也稱名小而取類大初不等記言（抱定四字）記動之文接一器而非于我有繼繫之故雖借鏡者一時暫為覺而歷久則玩矣若盤之與我相終始者也偶去之則我形覺穢時

用之則我躰獨清是非我考觀之具乎湯則以盤寓目還以神會盤而刻志不忘之念常與一苑之義藴相終始一若名言在茲凡出亦在茲也其旨遠而其詞文特同諸大書特書之例稽商之王也一代之成功歌于頌而盤銘不與焉蓋聖天子神明所獨運之功有非風人之吟咏所能傳故十二篇之長言咏嘆莫述其發祥奮代而聖敬之深裒獨出自一人之綸綍以著為莊論豈得以（情文酬密）沐則圖反也所微言大義遂不足紀其端抑商之王也一時之攻治見于書而盤銘亦無闕焉蓋聖天子深宮所獨喻之趣有非史氏之才華所能纂故十七篇之鋪張揚厲多道其萬彩表正而檢

思墨(?)　大學　湯之盤　張　九

身之詣力纍(?)發于衰裹之抒寫以垂諫不朽豈得謂此細已甚也

而文人學士竟無庸述而識試述其詞讀盤銘可以誦康誥矣

只一區區小題因作墨裁遂力求冠冕然他人極意張皇亦覓

犯寔此篇獨於銘字曰字字着華絶不侵碍自是能手

苟日新日〻新又日新

張允浣

自新者無玩日常以自警可也夫新必先自新第恐日無盡而新
不與日無盡也故盤銘三致意焉傳者謂古大人有其德非徒以
自明也然必先兢〻于克明而顧諟之弗怠以為明德非徒人事
而已我之明一息不與天相續則我之德一息與天相違故為之（精警）
惕慮于神明之交一觸目而不敢忘也吾讀盤銘而知湯之自新
惟皇降衷統智愚而若其性則必綏萬物之理而無即于慆淫維（從新民自新筆意典秀）
王建中合始終而謨其制尤能殫畢生之功而日孳于聖歆是故
言其自新則漸新非即新之事也而汲〻乎日不可失亦一新不

有新之事也而凜凜乎日無所弛忽焉而待此日若與新之機相
觸則使天下昭然知我之更始有過必改有善必遷豈有吝哉惟
恐失此一日而倏之異日悠悠其終迷也即待之明日亦茫茫其
必喪也苟日新者決于新之辭也倏焉而日復日若與新之緒相
引則使天下煥然知我之繼離以重其明以麗乎正豈有蔽哉惟
恐日間以日而志已立而輒隳前之日可惜也功將成而多阻後
之日可虞也日日新者續其新之辭也冉冉焉而又有日若與新
之端初循環則使天下胱然知我之貞明天以久照道以久成豈
折得妙
有息哉惟恐此日之不又而往日皆為陳迹業雖勤而旋廢也即

今日遂為己時德雖積而鮮終也又日新者弗竟其新之辭也六
人不諱其撿身之必無瑕而與特俱惕但覺有過之日多无咎之
日少讀其辭知其俗之（切湯）質大人不矜其奉若之別有道而舉令之
茲但覺天行（切新民）之為不息君法之為無疆推其義知其世之長其後
訓太甲者亦曰時乃日新之者之日之而月之而歲之而世也一
器之銘其自新之至而新民之端與
起處根顧說句己揭日新妙義中三比字之刻畫前後四比亦
復與切不浮筆與題稱　蔡廬

湯之盤銘曰　一節　張遇隆

新民有本、觀商王之銘可見矣、夫日新者、新民之本也、載稽盤銘、何修之密哉、且大人移風易俗、革其舊而新是湛此治世之事也而正始終于端本之身、蓋新在世而身之斯一人之精勤首萬物矣新在始而終之斯一日之志氣貞百年矣古綏猷之后道先自治其憂危惕勵以詩書不盡傳者時見于他說焉可取為新民證也夫道統開自膺歷故言明德者極之帝革命始于商后則言新民者首夫湯矣湯之新豈遜求諸民乎維湯念世運之升降有原以為附勢簡陋與萬方無與也故無從匪彝無即慆淫亦有忠言以相詰誠而皇躬

祲濯不敢或後工展民危微惕乎天人糾虔凛乎左右法天運以為
聖功而先華恒旦丕維湯念風會之污隆有自以為克念罔念害
在予一人也故恭行天罰秉鉞徂征不難從容以創大業而求心理
欲皇然獨切其冰淵數年之積奮于崇朝初服之勤矢于既耄經綸
明以昭帝德而昧爽丕顯矣吾嘗博考商書歷覽乎制事制心不通
不殖之說未嘗不嘆湯德之懋昭焉而盤銘數語尤深切著明也曰
苟日新日新言始事也期勇決也曰日日新言繼事也戒中衰也曰又日
新言終事也懋永圖也皇哉銘也德其至矣聖人主之勸急世運即
視為盛衰故學期其善變也昨日之月至今月而不留昨月之學至

湯之盤銘曰　一節（大學）　張遇隆

今日而猶在有以知志業之不勤矣夫學至聖人謂已無可復進而不知其日新月異者我棄取于其間故世風之升降數十年而始更吾學之屢遷不崇朝而已化湯所以先天下而開其始也一王心一作輟治道蚤因之廢興故學又期其不變也月之代嬗不以積久而衰學之就將不以半途而息得毋嬰垂成之多敗乎夫學至聖人謂已幾于自然而孰意其憂盛持盈者尊聞務于下士歟王道不以常亨忠日昊聖修不以豐豫怠且明湯所以後天下而持其終也規如覩堯咨而舜發揮其法戒粲乎駿厲而嚴明此新民之本也

總發精神遙遺、分其才力、足了十人、

庚辰房書商

日日新又日新

江南謝宗師歲考
吳縣學一名　陸郡芳

不已于新者無異乎其始也夫新而不繼即莫必其有終矣日新又新湯誠自新之主欤且理之離合係于心而心有不存不惟無以因乎前亦（警快）且無由償乎後此滌自濯磨者所以觸目警心而無一機之偶間一息之終止也（起筆振拔）最易逝者百年之歲月而湯自以日計之故其自新也豈曰苟日新矣至日日而遂已乎則見其欲以直內而聲色貨利之不迩不殖者日積日而俾之無隙（精確）可投焉義以方外（周匝）而改過從諫之弗吝弗咈者日復日而新（精確）于無善不遷焉折此日于百年之內（思力沈至）祗此澡雪之精神與為賡續而無間求一日

有此四句全股精神一振
少寬其危懼而不得也夫重明之麗天也晝夜代嬗而不絕其升
恒君道之總離也久暫相維而不替其後濯新之不怠於總者有
如此銘最難窮者畢生之旦暮而湯統以日計之故其于新也豈
曰日：新矣至又日而遂已乎則見其精以察之出吾智以辨乎
剔醒又字爽快無敵　暗貼格
匪彝愔淫之介者哉亂之日既然反正之日又然焉一以守之持
致誠正意洗發
吾勇以歷乎修己檢身之途者頓諟之日既然垂裕之日又然焉
工力悉敵
要此日于畢生之久無非丕顯之心力與為永貞而弗衰即一日
少弛其欽崇而不敢也夫天體之至健也日之方中而倍煥其文
明君德之合天也久道化成而不改其初服新之無倦于終者有

○確○定○兩○句○題○收○法○筆○有○餘○勇

如此[redacted]憂退之念與憂進之念而俱深日益之思因日損之思而彌銳湯非自新之一人哉而新民可言矣

局整以暇詞典而則　原批

翼注謂日日新者遞續而不間斷也又日新者末路更振刷也陸氏謂兩句無未新者則更新已新者則常新且愈新三意篇中洗發處致為精透而思致沈刻筆力堅凝殆句句欲見血髓

日日新　陸

湯之盤銘曰（大學）　陳　澄

湯之盤銘曰　　陳澄

盤銘可述以其為聖人之論也夫湯往矣湯之盤已無復存矣然其
銘詞可述者非銘以盤傳而銘以湯傳也嘗謂言于千載之上而傳（先寬一步說）
于千載之下者皆托乎器以不朽然器有時而不存而言之所傳無
古無今視千載如旦暮者何也曰以其為聖人之論也由今溯昔世
已數十傳時已千餘載而盤銘至今傳者則以銘之者湯也吾觀後
世之為銘者多矣其人小有所樹立類僾然自足欲以驗今而傳後
或自銘其功而懸之國門勒之遐荒或自銘其德而置之山巔沉之（體至鮮　標然山岬　吳枯塊山碑）
水淵然而無有傳者即傳矣而君子鄙之學士大夫譏之蓋皆僾陳

功德之詞而無憂勤惕厲之意故吾儒無取焉而湯之銘何如想湯
以為吾檢身而改過此念未嘗不凜凜也然身已檢欲過已改欲未
可知也惟夫盤者朝夕所需之物自少迄壯自壯迄老無時不在左
右庶幾以有形之物儆無形之心以可見之物儆不可見之心乎此
淋漓盡致
東注
銘之所由作也夫至今日而求湯時之所為盤者有耶無耶存耶毀
耶而已與湯俱沒而已與湯俱逝無幾微之留矣器物不留則銘亦
不留銘不留則銘之詞亦不留然銘之所云載在典籍播在人人初
以意出之
不隨物而朽吾于是知銘之所以傳者非盤也以其為聖人之論也
雖然湯以前何以不聞有銘乎曰堯舜性之也不必借物以儆心故

當時有歛無銘若湯雖知勇天錫而要其聖敬所昭假者勉勉之功居多由是言之武之刀劍有銘户牖有銘几席有銘其亦猶然此意（餘韻悠然）也夫

寄托情深揮洒如意想見行文之樂

湯之盤

湯之盤銘　全章　　陳之遴

新民有道君子學古而務其至焉夫民新於先王而不新於君子學未至也其敢曰苟能是而已足乎傳若曰庶人學天子之學則道德一而風俗同天子學古聖之學則體用全而功化備新民之道古大人先君子而有事矣商之民學於湯湯學於天日之運而不息者天道新之進而無疆者聖功致警雖一器乎而大德之標路萬邦以懷聖敬之日躋九圍以式矣其學之大如此後數百年而周武王繼之革商之俗數商先哲王之道封孟侯於妹邦而告諸民之迪屢未同也作之不止非所謂新而又新者乎周民於是乎知學未務騖于

此章是釋新民從新民

說起籠罩全題

開講已作冒故此處如題直起撥動全局

合到新民是新民之學提清作骨

鎖學字作骨

本朝歷科墨卷　順治己丑會試　大學

串補天然

成王嗣立，周公懼世德之不新，而述文考之受命，與武王敍康叔，新循
顯民而肇造區夏，怙冒而誕受帝休，其指一也。然則周民之與學，豈一
朝一夕之故哉。君子讀盤銘如見湯焉，繹誥與詩如見文、武焉。不新
（補点銘語詩作一經格妙勞來鉤）
其民而不敢也，民未知學，將昧其德，吾以吾學明之，務其本不務其
（重發未白得）
末，先其始不先其終，夫人之志，入用則多缺，耳不分則何所或遺歟。
（無所不用四字奇得妙）
抑徒新其民而尤不敢也，民強於學，將小其德，吾以吾學大之，舉其
（前比見）
（得有本末始終與比異處待本末始終語是無所不用其極）
本必兼其末，慮其始必要其終，夫人之心苟用則易滿，耳不苟而何
所或斁歟。蓋民有恒性，以善為極，善有指歸，以至為極，未善則善者
（說理精當）
新矣，善而未至則至者新矣。君子學於古訓，錫厥庶民，寧有異用也

（一結氣味純乎古文）

哉借曰有先聖之學無二代之民其勢將日變而不可止嗚呼天作之君作之師而忍以此薄其民也

體疎散而神聯絡古文的派

文之有骨猶屋之有棟梁也屋不可無棟梁文不可無骨其理本屬易曉而今人都未之講何也請以斯文証之其骨格為何如體段

湯之盤　陳

【湯之盤銘曰苟日新】日日新又日新（大學）　陳岱華

原評　氣踈以達有高視闊步之槩

日日新又日新

申學院科取前列
學一等第一名陳岱華墨卷

益新其已新者與日為不息焉夫日閱日而又日時無或息也而與之俱新則已新者於是乎益新今將欲新民而自新者不惟其暫惟其常也不惟其初惟其終也蓋體天道之恆以爭歲月之新則日復一日時既變而新者與之俱變亦日無異日時不變而新者終無所變且彼既已有日新矣始事而立其基則憑是而加功者為日莫有窮期第方進而鼓其鋭則乘是而中怠者閒日無非泒偶是新之務絕乎其間也夫閒而即止前此之精勤何裨卽間而復續已經之途與為再試而理故業奏新机終身皆行乎半至

敬業堂試草

之程必不能使汚者無復相汚而潔者為之益潔則新之又欲其持久也夫久而不繼後此之洗濯何從且久而無繼來路之力稍有銳衰而棄壅成甘自囊歷時盡入於偷安之境必不能使汚者雖已潔而潔者不復汚蓋物莫不有所積日與日相積遞嬗而不辭則繼照離明又以復旦者重振光華之象物莫不有所加新豈新猶加浸尋而無已則剝故革舊久以不恒者嚴作儆之防故曰至變也而新亦偕之至變時序之推移也逝者已往續者方來轉瞬間無或一停矣吾出其力與之爭為新宇宙之文明日煥其象身心之被濯更為有兆回視曩者方新時殊燦然其改觀也則日

日之新又加厲焉雖欲蒙以纖塵而有所不可百不變也而新亦
與為不變氣候之有常也前者雖去後者無更終古間非有所易
矣吾貞其守與之長為新旦晝之循環健而無息隱微之澡雪純
亦不已回憶始者初新時蒜依然其如故也則日日之新又彌
焉、雖必罷其前功而有所不敢一精力非多自而起吾從已新者新
而又新不过因圖始於一日循々以赴之則其為新也似較易志
氣每將成而倦吾從已新者新而又新無容滋頹惰於一隙急々
以續之則其為[illegible]所也何可緩故銘其盤而有日日云者非暫也隨
所歷皆月則計日求新實綜百年以圖之而又惟恐其少懈又日

敬業堂試草

[illegible]云若有終也乎所閱非日則揆日常新尤奮吾力以振之而日

日孚虞其忒贖湯之自新如此新新民其有本乎

湯之盤銘曰

十九名 陳啟蘭

商于即器以儆心而如聞其語焉、夫盤銘不少槩見傳者首引之、殆有會於湯之所以為湯者與且自堯舜以十六字垂後世亦越

〇一入〇疑〇落〇墨〇扣〇題〇最〇起〇

成湯則是闡而知之矣顧其制事制心不通不殖之用列在方策者姑弗深考矣載道以文糾心以器穆然如見其儆切誥誡之衷焉傳者將釋於民而首舉夫湯豈以征誅革命之朝可侈陳天正域四方之事而駿厲嚴肅之旨惟僅述其纘禹舊服之規哉而非然也在昔商王當開創之始而懋昭大德時見于小物之克勤承守典之休誕告萬方更有其訓詞之自警迨今追溯之語不必

一氣〇流轉

○相沿以習（筆○題○典切）之而慎微謹小若于二典三謨之外垂澡身浴德之文
事本可吐詞以為經而怵目警心尤於出入起居之地抱含垢納
汙之恐維盤是銘湯固有不得已也且（提○振○有句）夫意非有寓於物之先者
勤之事後而始爲已晚而詞非有切于身之用者等諸成說而釋
焉不精是故（警○捷）盤銘也而于盤意有以寓于先也患每伏于所不見
而盤則所共見也尤所獨見朝夕之澣濯一不御而汙辱隨之矣
潛湯則正于起纖白臯之然忽悚其耳目其儆諸物以相形而著
者軌議古人刀劍几杖之箴而倍覺道因器貫已其盤也而銘之
詞有以切于用也事每中于所易忽而銘則不忍忽也尤不可忽

古昔之彝訓偶不遵而弁髦棄之矣惟湯則亟于當躬祓濯之際顯符以糾繩其取諸物以相附而存者律以後世矇誦工歌之例而欲覽言以象呈二龍旂大糦凛赫濯之淫威詩之侈言大湯者備陳帝式九圍之盛而盤銘則似欲深沒其文倘以尊命尚質無事以揚厲鋪張同于斷章而取義乎則存其說于商頌之十二而已補殷武猗那之所未備覽仁聖武釋懟德于商葉書之深諱去湯者每在覽餞附會之隱而盤銘則不敢少師其意備以頤名思義不欲以雍容揄揚同于史冊之頌美乎則續其誥于商書之十七而已然然方典寶之所莫詳蕩滌垢常于藐躬之內切悚惶

筆韻豐飽

疏義別夕直與眞發六文同渾噩乃以言洎新也請得誦其辭

卓犖紆徐闊中肆外　原批

扣題虛步正疏處妙用襯筆畫家渲染之工迎文獨得其技

苟日新日日新又日新

十五名　陳筆鋒

自新有不已之功、功益進而新益密矣、葢日新寧有止境、日無窮新益無窮矣、商王洗心之密是可誦銘而得之旦帝王治世之要、莫先于治心而治心有全功即法天有全量葢一念既勤于祓濯即竭畢生之力以赴之計日以励其修自易時而不変其守其奉天以治人也乃其盡人以合天也吾嘗參厥旨于盤銘今夫懋建之原罔統人己内外一以貫之者也不即天運之循環驗人心之往復要莫不先以自新為兢兢云一片念之純疵即為萬類觀型之地狃于天者怠狃于人者昏從旦明寤寐中忽然鼓其奮發有為之氣戒自欺斯能自慊覺旦夕之愧厲新机闓而百体俱靈蓋僅此一日為時甚暫而有此一新其事可繼始基勿壞規模一變于崇朝矣故曰苟日新瞬息之振興猶深出入無時之慮閒于天者棄天間于人者猶人從朝就夕惕時儼然挾一稍縱即逝之懼惟不已斯能不二則漸歷之程途新境擴而神明益毅發即新計日既不止于一日而因日見新自不限于一新無息則久刮磨罔懈于須臾矣故曰日日新半生之剋勵自無前功頓隳之虞忽于天者葸忽于人者疎從日積月累後惄焉存一日鑒在是之懷由勿忘要于無倦覺常惺之志氣新新恕永而歲月愈長蓋去日苦多常

日日新又日新

浙江李撫臺會課
敷文書院一名 陶又侃

新之無間也，與日俱永矣。夫新則非一新而已也，日〻又日，湯之所為思永哉。嘗謂人之謀新，患其靡常也，而亦患其蹈常。蓋靡常者輕棄前功，亦必退；蹈常者易玩，將後功不更進也。夫惟懋于昭德者，勤而能累〻以增高，安而能遷〻亦見守，斯其新日躋而上，而有其進之冀，或退也已。

（居然銘辭）

試由湯之日新，畢述其銘盤之詞，基不惟其肇也，惟其仍昨為修，而今脈從焉，是日常新不常也。基將壞矣，受之以恆，倏相積而見多功，相仍而不變，此以知有殊日者，

（所以須日〻新）

懋無殊新。習不取其粗也，取其轉前所動而後苟安焉，是日進新

不進也狃于習矣受之以震功垂成而加厲境緣轉而又闢此以
知日無盡者新亦無盡銘故繼之曰日日新又日新凡物每收功
于續而新並不以有所續厲其復之頻蓋續者絕之轉也既絕矣
而取償于續則何如不見其絕者之初無事于續也且夫新則豈
堪屢續也湯若曰新之新之其敢恃續之轉敗為功哉蓋日復一
日引而愈長吾之新亦與為引而長焉勿使其偶絕耳矣凡事必
觀成于終而新則正以無所終貫其勇之餘蓋終者始之竟也既
三折筆
始矣而倦勤于終則何如無間于始者之竟不見為終也況乎新
則曷其有終也湯若曰新之新之其敢快終之有志竟成哉蓋日

又一日環而無端吾之新亦與為環無端焉常如其謀始耳矣中而是也日且再中明而晦也日且重明湯以登至之日策作滌之新而詞不憚再義不嫌重累而加焉直欲分復旦之華而擅繼明之照日之轉也如磨之旋日之永也配月之恒湯以常新之日振積日之新而語亦為轉言亦為永更而張焉直欲駐大明之景而還昧爽之光與日爭新勵斯征于匪懈新逐日而強不息緣新惜日驚其蘊之莫追日迫新而進無疆新後之新無窮期日方多而若少川後之日未有艾新積敬而更新此其所以德丕顯而萬邦袁也與

（刻劃至此何殊月斧雲斤）

（於易者貫予餘勇）

題最易混文獨于分際處伏而鹽其腦乾慮涸思幾乎氣竭王充矣方朴山

金石刻畫冰雪雕鏤一字之別妙析奇致乃爾文成而題已枯蔡芳三

兩句雖只是無間斷意然畢竟各有意味不肯剖而食之遂爾一味鶻突得此妙手新裁乃如巧匠斲山骨也學舒

日日新　陶

湯之盤銘　全章

湯　斌

歷稽新民之學、而君子之用宜全也、蓋身者新民之本、而命者新民之終、稽于商周不可决其所用哉、且須明德者道不越乎自修之大、而考新民者法必求夫古王之世、（破題不離意）嘗試論之昭明之頌治隆商周顯隆之業義綜詩書自湯而文而武非皆新民之君子哉、（提筆高老）湯之新不勝述、而銘于盤者可誌也、迄今繹其詞日新又新、湯若無意于及民矣、（緊甚）然內治之不淑、胡觀風而備靖則言新者此其一、武之新不勝述、而見于康誥其彰彰也、迄今讀其書言作言新、武若皇然不自安矣、苟震勵之未昭、胡彙咎之可望、則言新者此其一

文之新不勝述而見于大雅者可紀也迄今歌其篇什舊邦新命

文之積累為有效矣然孔彌之未普易丕休之滋至則言新者此

又其一二所慮者天子深宮浴修民愚未易承化然且德一數而師

虎闞屠鉄穆易來節熱所不用作數耳

焦教一行而頑率古民不易為民古王亦不易為王漸漬在文告

之間與所慮者聖人大化遷俗在上未易臨蒞然且俗一變而上

帝居歆風一激而昊天永佑一聖作而化行一聖繼而道立鑑乎

頓住

在籩豆之列與是故君子夙夜惕其志廟堂弘其猷一代之典章

禮樂煥然更新于先朝而猶不敢以晏安稱足者自憐百年之圖

不脫全文更見法家

箴銘以啟之誥訓以惕之朝廷之明經合漢疊然自陟于天下而

猶必以我康乂迪者永敦久大之業無他用其極焉耳。大學之道如此。

提落收束。高老絶倫。頓挫波瀾。澤以古雅。以此追逼嘉隆矩矱。方當突過。

湯之盤　湯

湯之盤銘　全章　湯賓尹

傳者釋新民而援古以示之極焉夫道在新民以三王為極也誠用

（文以自新作主拈從下二）

其極而新之責始無貸矣且大人之學繼天子民之學也民非無

（御逆又說下二節文歸重民上）（韓云合用極字）

與于已故不可以不新民之德非無與于已之德又不可以漫焉而

（節云先挈君子便是逆為天人己三字迴環映徹）

新也吾以為君子者上承天運下啓聲壯由已而推之民一人之德

意監于萬姓而鑒觀已在天矣由民而約之已帝天之明命主于小

（只如此輕點）

民而感通實在已矣觀之湯盤曰日新曰又新而作新斯民咏之康

（二句化三為兩）

誥焉其命維新咏之大雅焉稽詩書之遺訓成湯以之式九圍而文

武以之清四海三代所以臻極治也考聖哲之遺規自新者立新民

（又化三為兩）

之基而作新者昌維新之運三王所以建極功也以聖敬之主尚勤

（頭章法合徹處　轉云用極意明然　轉云揭自新作發　將下）

浴德之戒吾敢不以日新者自勵乎而由此淑世即由此格天循其

（二轉用筆亦邈）

振作民氣者用以靈承帝命焉而不得不兢兢已以顧諟之聖尚勤

身修之銘吾何敢以能新者自怠乎而由此師民即由此凝命率其

鼓舞萃渙者用以仰答天心焉而不得不汲汲已仰追盛王之理勢

（三句却平說典中不俊）

恭常發而思法湯思法武思法文會其全而後已俯念民生之衆丕

（轉云起處）

變實難而驗之己德驗之民俗驗之帝命造其極而無遺是故君子

（泚出筆致也亢收一句直如一線）

無所不用其極也極在三王用極在君子君子信能新民者矣

節節見極合上三件即為無所不用其極自記

尾

謂之極若非謂新民必至新命爲極也自新必如湯之日新又新新民必知周之作新ㄟ命故註曰自新ㄟ民皆欲止于至善可見自新之功正所以基作新之化而收新命之效篇中以新民作王而以自新爲主最得大意乃半調春容不煩刻削雖尋常矩矱尋味轉微前半篇允宜潛玩　張岳一

三節平叙深苦其板歸重自新頓覺靈變要于題肯無碍正自憑人出奇蓋新民實本明德此章既從自新說起挈出作主夫何不可之有此章是專釋新民自新乃其本而新命則其成效之極篇中雖歸重自新却仍側出新民說下二節處亦極見斟酌起

處提出君子逆入先將民與命提出然後將己字民字命字迴環轉換反復相生玲瓏巧妙將三節輕點以下分明將全題總做然題之眉目正有一一清出講題句句親切世俗亂將全題總做者乃是一派浮詞豈得以此藉口

又日新

廣東吳學院歲試
嘉應州學一名 楊麟祥

終咏盤銘、可以見日新之全功矣、夫人未有不息于終者也、湯之新不懈于又日焉、不可終咏盤銘而見自新之全功乎、且古聖王不息之功、本無止境、而永持于末路、益以奮其不息之精神、蓋積（紫論典健）累在終身、百年爭之者、不難一瞬墮之、惟勵其精于靡可加、而其心仍未敢即安、斯脩途無盡、兢惕亦與爲無盡焉耳、如湯自新之功、又豈自日日止哉、功既符兩作之明、則義馭之周環、豈容終息、（勃整理密）使成功者退、遂忘出震之神、恐聖敬之未純、又將有以疑懋德也、時可待初陽之反、則修能之振奮、本乏停機、特事敗垂成、遂阻向

明之象恐懲昭之有間又將無以徵永保也一若夫新以逐日而有
永終之志焉因之日以更新而有復始之神焉則如盤銘之所謂
亦開诂亦精切
又日新者可卒誦矣一日之為時十有二而繼于日昃課其成繼
天行者所以有不違之念也顧向晦入息即為昧爽之所由開則
性分中之旦明斷不得謝成勞于旰食湯而惟懷永圖敢不終之
刻劃俱見根柢
以謹凜乎提震聳之神以從乎其朔惟清夜不忘待旦之勤斯三
日倘有先興之義蓋誠慮夫貽質無虧之隙諗諗者猶得以潛為
貼定股意
八也而新之終形復旦者固長此惟日不足之懷矣一歲之為日
三百六而必以置閏定其終法乾健者所以有歸餘之理也顧寸

湯之盤銘　二節　　黃惠

自新新民銘與誥有明證矣夫新民必本之明德不得謂湯之新不及乎民而武之新無與乎已也故傳兩引之歷觀自昔所新之主德相埒也其文字亦大畧相倣讀克夏一誥几劍諸銘謂武疾（快馬入陣）敬德而湯孚佑民矣不知銘先有銘幽濯不忘乎箴砭誥後有誥康乂即凜乎作求觀夫商文駿厲周誠精明異旨而同歸皆整物之明驗也夏商之末君有昏德而下漸淩夷衰微也然周自康誥外梓材多方重煩誥誡而牧宮旋旅未明有迎遷不靜之虞論者遂歎（逆入奇峰）湯之德勝於武而洪所以裴正方興者優也抑知湯亦嘗

不單免惕厲求新其志而惟曰不足哉一智勇若與生而來而不殖[illegible]意高文
不邇未始不由於澡浴聖武所以布昭也湯若曰不弒而榮無汚精湛
之者矣若神歷蠲潔則夙夜時儆天既復而光亦常流固不可無
此刮垢之力耳一齊聖者與年而永而昧爽坐旦未始不由於累時
聖敬所以日躋也湯若曰尚克有終無斷之者矣若力圖繼續則
寸陰必惜歷時短而歷心已長固不可無此倍候之奮耳厥後阿
衡告嗣王曰終始惟一時乃日新述祖德也而盤遂為商宗器矣古雅
自是成湯沒六百有餘祀應運起者猶惓惓於殷先哲王德則人
雖繼而德不衰也且夫商家六七作後不復經德秉哲而俗竟即

况受還郁伏風之道
於昭冀殷民罔顯亦已久矣有聖人作明德馨香不應後志容以
吉康周廸聽諸人乎武之於康所以殷然命也一則曰丕乃敏德
再則曰傾乃德豈非自新以新民之道哉一聞之諡法安樂撫民謂
常語綿以精思遂若新
之康疑恬養之事多於振興之事乃時大明服棄咎即生其保乂
發于洲貞乃實山經用始鮮明也
翕然變也雖有垢濁不敢再污清明之朝矣考之分土侯采甸藩
皆曰衛疑屏翰之功重於訓導之功乃罔廸不適敬典即所以助
王恬然伏也雖有慾姦不敢再織馨香之世矣後之讀書者觀殷
頑之難靖因追羨乎夏俘之易安未嘗不嘆湯處其易而武處其
難也若易武者固莫以不一德也

榕江會甲　大學　初刻

雄筆高文卓絕時流浩然而蛟龍翔蔚然而虎鳳躍　秀評

點竄尚書語句人人所能精思貫串戛戛生新此藕子聰所謂千鍾百鍊只鍊得當用語也　孟朝舉

湯之盤銘曰　三節　黄　裳

歴稽能新其民者、始終皆新之事也、蓋身者新民之始事、而命者新民之終事、載稽商周、謂非能新其民之主乎、且王者夙夜不敢康、而其時天人上下、皆有去故取新之景象焉、積嘉德以又嘉師不息、普無疆之化、懷永保而來永佑、求寧綏與定之符、存存者流為顯號赫赫者、肇以精勤、載溯商周、其文同揆也、今夫唐虞雍動之民、夏后漸被之民、尚已、迨其後、君德有升降、民俗有汚隆、天心有予奪、一新於商之式九圍、而纘緒維后、再新於周之靖四方、而膺眷自天、世歴千年、緒傳三聖、不諧身徵、爰民以對揚上帝、抑何前後一揆旣若失散布於傳聞與斷編者其辭往往錯見盖嘗約衆而互證之乃相成湯有大德為其在書曰建中于民其在詩曰天命咸宜安往非新者而獨取盤銘誌之見自新為新民之本也迨今繹其辭勿謂智勇聰明而弗以新自暢無論昧爽丕顯而常指日為程日麗天而久照新懷德而永圖慎厥始厥中保厥終職德德哉馨德懋哉其先民而立本也必如盤銘而後可亦越武王有總關焉几杖有銘殷急立其防執兢有歌醉飽綿其福皆得謂新者而必引康誥述之明新民即自新之事也迨今讀其書無淫酗流湎我民其咸與維新無康好逸豫汝封其利用大作惟民

勅厥懋和惟作民者罔不克敬典康乃心裕乃德達乃猷惺開華哉升聞達哉其偕民而棄舊也必如康誥而後可亦越文王有帝謂焉緝熙在一心惟敬斯止儀刑及萬邦惟作乃孚寧非繼湯之新以開武之新者而必於大雅紀之知新新命正自新民之驗也迄今咏歌其什公劉之皇澗過澗經而貫而山川生色太王之陶復陶穴集下慕而家室流光舊邦不啻有宗之式廓新命爰卜孫子之世年始于豳至於岐大于豐順帝之則篤周之祜其得民以集天命也必如雅詩而後可猶然舊染者其德日新懷萬邦也而實欽崇天道其惟寧王康保民裕乃身也而卽誕受大命肆于穆

[illegible]

教小心而章之求莫而曰受命祖宗可見自新之民新命異

章新同符猶因而畢致有本末始終無小大難易舉而措焉一以

貫之而新民乃其大驗也古之欲明明德於天下者未有不從事

於圖新後有君子曷不取法商周

以華鍊之筆而逐字體勘逐覺語語精切諦當初學宜細審其

筆妙勿徒羨經藉紛綸也 顏蕙種

湯之盤 黃

【湯之盤銘曰苟日新】日日新（大學）　黃寬（濟夫）

日日新

于學院歲試龍溪學一等第二名　黃寬濟夫

法離以治、國功於繼也、夫繼功不勤、新從中斷矣惟銘則曰日〻新、重離之法、湯蓋甚勵於其繼、耳意謂繼惟緝也而光愈發明惟繼也而照乃遠故日與日遞相承而功亦與日迭相赴苟日引我以彌長而力與日以或、歉則朗〻者甫闢而本可自封也蓋美不日增垢且旋蒙回不日釋華難復旦夫惟勿日逸者乃見日休矣盤之銘既曰苟日新、而猶慮其繼也、靈明之蘊日擴則日開莫為聯之則明而復昧也曾不易瞬耳來志者淬勵其中視已開之境途得其所藉而功善其所困一日二日惟是不違矣精力之運日鼓則日出偶或渝焉則寬而旋疎也豈必在多乎懋脩者澡浴其際視已鼓之力氣喜其正强而神防其少息日積日累罔思乃服矣蓋外附之汚垢湛之既深畏强而姑退者勢必乘懈而竊進內發之英光積而未大培焉而漸長者亦且輟焉而潛消銘則繼之曰日日新理趣之日盛也惟中續之功為最難不日為翕之則聚亦易散夫處乎舊而未新其舊可惜處乎新而仍舊其新更可惜矣惟湯見及此也革舊有新亦繼新有新美之方呈尚其引哉厲日强之欲猶是優然之思奮日進之功常廑無疆之慮斯理閱日而得新者功閱日而如故泯其斷而續之日日如一日也欲念之日滋也惟中發之萌為易乘不日為鋤之則

匿而必彰。夫污而來新，猶可望其新新而復污，則將終處於污矣。惟
湯見及此也。繼新于新，仍如謀新于舊；累之方捐，尚其厲哉。持并日
之勤，時懷不足之想；操日中之宜，恒深見斗之象。斯欲涉日而彌損
者，力涉日而彌盈；繼其發而永之，日日如一息也。學莫危於有所恃，
恐甫振之氣，一一得自拘，示以間矣。不知新與新相轉，非可滯也。始日
之勤，能為來日開其局，不能為來日竟其局，而來日之懈，既於始日
謝其勞，且并於始日廢其勞。細我前功，懲創伊始，若甚苦焉，罰懷如
昨，未忍以一懈也已。學又莫貴乎有可恃，得藉手之處，半途而畫，失
其機矣。不知新與新相仍，非可判也。夙日之勇，即不加繼，日畢其緒

無不可于繼日衍其緒而繼日之勇既沿如日而御其真自必進始
日而彌瑩其真策我精力洗刷甫就彌自好焉芬脩可賞其愈焉有
味也已上帝之有赫日監在茲則祇以永日不覺坐以待旦下民之
瞻仰日徹于懷則明重罷正寧萬峻厲崇朝然湯又慮其終矣

于學院夫子評
搵字鍊詞務卓崖異

李巾尊夫子評
疏理妙無語錄氣極沉厚亦極發皇搏風直上此其時矣

又日新

蔔宗師歲覆仙
旌縣李八名黃鼎甲

新克有終，功乃審審矣。夫新而至于日日，則又安有日新之可言乎。而湯且不忘厥修也，其先天下而自新，何審如之。且人當精神發用之後，動謂不妨稍寬于末路，不知末路而更無容以自寬者也。夫謹終必嚴于圖始，而慮始即期其有終，善淬勵者甚毋謂瑕疵淨盡，此後可以無過為提撕也。吾誦盤銘而至苟日新日日云云，如是盡矣至矣，夫亦安又有新之可言哉。雖然，猶有[illegible]焉，相乘說忘忘，安有窮期，頑至銳之又銳之餘，不無侖[illegible]之少衰者，其衰而後為之振，則新之機已隔於一日而不自知矣。新與新轉因革故者原無息候迨至革之又革之後保無筋力之稍弛恐其弛而於於之警而新之功乃極於終身而不可止夫是以則繼之曰又日新亦必其終之弗力而垢遂有以蒙吾躬也亦於而維日孜孜之意至此不又有以持之恐非聖敬之日躋也況一日百年而百年未必常如一日慮不周于念所或遺之處其有不緣而伏乎維湯之藉洗身為洗心而警惕之懷當繼起而不容如有更端非慮其污之已去而又有以招而來也夫招而弗来而維日勉勉之情越此不又有以惺之恐遂還我以故矣況千古寸心而寸心詎即可通千古計偶疎于意所弗及之地污其能保

永絕乎維湯念之凛內懋于外而覺察之要常無息而忽焉如
有所澟蓋情以去而還晋雖明知有事勿忘寡遺怠荒之弊而流
連三復偏從綿〻不絕之下而倍加其競業亦神以勇而愈怯寔
何有未節苟安〻於已成之功而驚顧靡寧直從壹〻不已之中
而重深其惕厲哉新本無異而轉常新為更新夫何異乎先庚三
而後庚三日亦非有加而以又日繼日〻更何殊乎天日明而丁
日是湯之先天下而自新也如此其斯為聖德修而慕

第三十冊　卷八十九

苟日新日日新又日新

八名　翟槐

自新有全功、商主之心先天下而存也。夫未不先本則自新要矣。日新不已、湯之存其心也如此。且新民未也、而自新為本。自昔帝王無舍本以圖者、故澡身浴德于此兢兢焉、而第恐怵惕惟厲之神無以動之、而不發以發之、而不容遂使天下之所以求我與我之所恃以與天下相見者、終不免有隔之可乘、而懋昭之德未盡也。湯之盤銘、蓋將以身為天下先、而思所以自明其德耳。顧其詞不曰明而曰新、古之懋修君德而以新言者、自湯始也。夫本有有明德也、可懷而固而擴充焉之謂明、素為私欲之所蔽而起而

洗滌為之謂新湯以為吾不敢自謂明也日新為可耳膺帝錫而
對羣黎覺曩昔之制事制心為多累往者不可諫願從此勃發其
新機念綏猷而凜顧諟覺向日之不遹不殖為難持後效尚可圖
總自今毋安于愒日日新亦難言矣積重期其能返而歷久責于
有恒可新之事不一而以吾之歲月少分而與之爭此不足之數
也繼續之端未滅而以吾之精神從後而為之補此又不及之勢
也苟日新矣而日日又日其果可以驕氣乘之怠氣中之哉我於
是而知湯治心之嚴也天下中主之樂萬非聖主之所蹈而毒時
[illegible]然者本[illegible][illegible]謂和傷而小雅之怨乘始為戒未失繼為知所失

而廑恃一日之克治遂未嘗自厲其有加無已之功所失亦不在多也而已不免積過叢非此驕氣有以階之厲矣之湯之懋敬入第知其終始無殊耳豈知操危微之念當其始而懼後之不可必及其後而又廑先之甚難繼蓋自日新以至日日又日無時不存中主之鑑也凡聖主偶然之蹟要亦天下所共諒而卒不求諒者形迹既爲可疑而全神之所注始爲無斁息繼爲暫爲息而遂寬後此之劫毖使無以自彌其往過來續之隙所間因非小也而因自慮愉溧匪彝此息氣有以伏其中矣故湯之昧爽人鮮見其後先一轍耳豈知端表正之則以一日兼數日之功即以數日承一

目之緒盖自日新以至日日又日又無時不防偶然之累也已」盤銘如此湯所為自治其心而端本以為天下先也

湯之盤銘　一章

順治己丑墨　熊伯龍

傳者以新民望天下、而稽古以示其極焉、蓋君子將偕民于至善、而可苟為以為新乎、商周之際、其極可觀矣、且君子誠得操天下而為所欲為、詎不欲舉斯民于三代之隆哉、而考其功用之所存、恒令人有不醇不倫之感焉、則未嘗深求古哲王之意而積吾學以通之也、夫言治莫邃乎無徵、而立法必崇其所尚、商之民、湯治之者也、周之民、武王丕振之、文王始靖之者也、以彼道德一風俗同、後之君子何嘗不流連感慕于其際乎、乃其道固未易易也、讀盤銘而知小物之克勤不敢忘焉、日新又新、其不遽求乎民也如此、讀康誥而知一方

之滌醖不可棄焉新而言作其不囿伍乎民也如此讀詩而知怙西
土蕪皇天其道光明焉舊邦新命其新命于民也如此之以見天下
之大可爲而治天下者之誠不可以節焉而已也後之君子則何如
哉自其本而言之而建厥中以爲綏猷之始萬幾之中無一瑕焉而
後即安非自勞也新之先實有是不易之理而君子不敢不及也以
全天德以體王道豈細行與自其本而言之而錫厥福以昭蕩平之
應萬人之聚無一愚焉而後即安非動衆也新之中實有是當然之
事而君子不敢不勉也商俗之駿厲周道之尊親豈小休與詩書所
載歷世所傳其心則一人之心也其道則天下之道也用而必至于

極也君子猶夫古之欲明明德于天下者與自川此者也仍商周之

也學術商周之學後之君子不徒覽古訓而流連也哉

于新民中補出自新意他手不知費幾許斡旋矣此只隨題布置

而題都到却只完得釋新民正面老手過人處在此陸變若

神明于規矩之中自成一種法則真是開闢風氣若印板先輩平

鋪直敘而為之安見得古今文章所以可傳之處

苟日新日〻新又日新

十四名　蔡雄

商王日新之學可繼明德而述其辭爲夫日新爲君人之要而脩於盤銘嶔之湯之學始終如一矣不可繼明德而脩述其辭哉且古之頌明德者欽明則稽古帝堯文明則稽古帝舜遠至大禹明德遠矣故日敬日贊日孜後之人稱道勿衰湯乃學乎此而聖敬日躋爲吾尤得其說於盤之銘夫盥何也華主於盥濯則舍其旧而新是謀爲銘何也義比於箴規則遷乎善而日不足爲是故論德之本体則曰明論明又德之全量則曰新湯念此至深矣蓋其撩克綏惟后之構若慮建中之未盡協也而於已立其防爲寢興

魁墨　廿五　書四

至暫而或懈糾虔服御至微而或安暇逸即令大端克謹而一疎何以嚴百寮之閑困即凜觥自得師之訓深知肇修之不可間也而寓目貽其戒爲如盤之圓循環而不已如水之潔洗濯而常清必令小物克勤而瞬息即以定終身之守夫然而其所謂日新者可思矣滌我身不如其滌我心也則銘之曰苟日新者猶使之覺豈惕若厲所其迷則銘之曰日日新曉節猶蓋前愆豈始勤轉訊終怠則銘之曰又日新智勇本由天錫豈褆躬必鑑於盤匜惟素蘊已極精純而怵目警心不禁觸之而即動立言有要固已統前後而兼權之矣誰無勃發之机或半途而即廢亦有常惺之

念或末路而難醇湯固已初終不易也即一心之迅厲而往過來
續日蒸此皭然不滓之神惟思惜此寸陰若忘老之將至則其克
治者嚴已詩書並紀嘉言豈聖孝獨根於銘勒惟造詣已徵躅潔
而即小者見大不禁矢此以無忘慎修思永固已合生平而如見
之矣人或安於故則此中之滓勵宜勤人或玩其時則在我之精
能勿懈湯所由念釋在茲也即一物之感通而一志凝神日金此
純粹以精之休常慮檢身之不及致日計之有餘則其滌雪者
斁已其在書曰終始惟一時乃日新又曰德日新萬邦惟懷其深
味於盤之銘乎詞固略而見道功與時而偕行此湯所為懋昭大
德先天下而建其極也

[湯之盤銘曰] 苟日新日日新又日新　蔣　基

苟日新日日新又日新

七名　蔣基

商主德以日進先天下而言自治之學也蓋自新者明明德于天
下之本也由日新而要之日日又日盤銘之自治何嚴乎今夫學
問之數積而愈有者也其理本于天其功責於人而要其歸則以
人心之自强法天心之行健古大人表正有原統諸懋建兢兢乎
夙夜弗敢康有可撫遺文而心知其意者蓋人與天合而不息之
道彰爲載稽湯銘而知其誕告萬方之先獨凛夫惟有懋德之懼
迪今歷舉其詞可想見其盡人合天之旨也今夫舍舊而謀者新
之象也而計時而獲者日之程也緩猷者惟后而智勇不禀乎天

錫則深宮之洗滌彌勤故觸念輙關畢世之謀而鼓志氣於勿衰
直等諸如日方升而告誡猶傳其聲欬懋昭者大德而風愆儆飭
夫宮刑則宥密之增修倍永故一息即懷萬年之慮而孽端倪於
方寸獨見其惟日不足而丁寧奚憚於再三夫以積習之難移也
莫患乎中懷少奮迅之機而道遂艱於創始湯則有更而張之著
爲豈直慮夫腥聞而斥刻之精誠早爲制事制心彌其隙詎致隣
於穢德而一朝之興起早爲不遹不殖濬其源銘之曰苟日新前
此之服習非納於邪而後此之持循悉歸于正矣雖然丕可以有
間也人當修能漸進之餘而或紊以遲迴之見則功無廢於半途

湯則有困而重之者焉儼離明之繼照匪彝大絶不瑕垢無自復萌
追復旦之光華聖徽躋而就將益徽不懈凜〻乎無敢稍縱也爰
銘之曰日日新雖然猶患其無成也人當功力方專之候而忽動
以自恃之情則業轉荒於末路湯則有久而行之者焉慎乃永圖
經德嚴而彌覺寸陰之是惜所其無逸檢身寧而何能一旦之即
安惕〻乎奉若弗違也爰銘之曰又日新理不足以覘其會通將
闊巽時而依然故我警於銘以密運精悅而義類之緣生偏若有
安而能遷之妙所謂變動不居者此也由念慮之照融以袪明旦
之藏豫曰無窮新亦無窮而內鏡反求當夫九圍是式而錫福早

裕建中之本道不足以統夾衆善將勵好修而莫繼永圖怵於銘
以克貞素履而天懷之動發自有續而勿絕之端所謂主無一適
者此也殫昕夕之辛勤以葆清明之志氣日不寔新亦不變而澡
身浴德無俟六事格天而上帝早申昭假之庥此湯之所以德日
新而萬邦惟懷也

苟日新　　劉培元

銘之言新、有必盡其誠者焉、夫惟盡其誠、而後有新之日也、盤之銘也、若弃之、又若難之、蓋一言新而已不欲自寬矣、且始不立者卒不成、即一日可以定全功焉、（甚○處○出○右）若謂作始也簡其將畢也必鉅、有振拔之意、而不妨寬假以俟時、欲求自新其何日之與、有盤銘首言之矣、曰苟日新、夫人意有所便、既暱焉而甘、即必滋焉而長、而累之所繫、既隱忍而受、且或歷久而忘、故自新之難、不必念垢瑕也、亦知業其故矣、而稍或留餘、則創艾之日即為撥置之日、不必委靡頹惰也、亦知求其新矣、而猶存瞻顧、則勃興之日即為遲迴之日一顧日之不我與也無心玩之轉覺覺然其自適乃一經回思也不能挽以去之日而為之倍償則舍舊而圖者固不勝惶遽惕息之至而不欲與此日相延一日之為我碩也有心乘之詎不動然而難已乃既經覺悟吾烏能無負乎當前之日而為之滿志則自勝為強者固不勝精勤果確之至而不敢不與此日相赴以志氣之所凝為托始之地前無所因後無所貸即俄頃之會不難舉畢生之毅力而全用之摩厲以須而精神煥發真猶萬物之潔齊而相見於離明也一以精誠之所聚為創闢之規沉迷可豁蔽錮可開當嬌修之始直欲舉毫末之微疵而廓清之盪滌消融而氣象

光炯

適然自覺

頓生真猶萬物之闇昧而得耀乎光明也未新而求新功造其奏實體從其朔求新而惟恐不新力攻其瑕乃獲葆其真蓋必自介然有覺以至于煥然而更新乃可據為苟日新也斯銘之首也而立新之極也

新警 鐵板注

只一苟字功夫境界已全體具足此處不得力則通身不得矣體認極真筆亦足追所見 華蘭原

新潤精深自然沉健 吳慎公

此景常新洵是文章如日月 蕺香

又日新　　劉培元

常存始新之意、而新益振矣、夫新既無間、則不必復有始矣、又之
云者、始于日日中更加之意耳、且自新者要于無終、不患其忽有
止息也。然正惟無息、而人或沾沾自喜、謂吾幾不失其故常、而新
已與日遇、遭矣、如是以為新未見其氣竦、而神涌也、盤之銘也、既
曰苟日新、日日新矣、豈尚有藏垢納污之累、纔滌雪于將來、抑或
有銳進退速之慮、待奮興于末路、而湯以為俟其不復新而乃徐
為振拔、此固不力于新者也、（剝蕉抽繭）恃其不可新而已、暢然滿志、此即莫
保其新者也、爰銘曰又日新、蓋丁寧之致、丕異初終、但與為引伸

而意中之糾虔霍然自動故直取前之日積者以為例而總之徵（緊粘上句讀又字）
總遂若更有端緒焉而未然之新且駸駸其與日遒也一提撕之情
不厭再三迨神思往復而意外之乾惕悚然有加故不必沿舊日（句讀入字）（頓轉上）
習者以為資而始于無始遂若別有開創焉而特出之新且臬臬
其與日併也一日與日迭相竭也即還相為本新者效之宜日無寧
累矣然向之新原未嘗以盈滿致損今乃更蓄其有餘之精為異（眼前語卻如天外飛來）
滿其絕而復續之機此亦如積章為會積會為統者之復轉為元
焉耳一日與日迭為運也而常容為移新者效之宜日起有功矣然
向之新亦未嘗不極情盡致今乃更沭以不足之隱憂遂防其溺

而不起之勢此亦如月窮于紀星回於天者之歲將復始焉耳雖然而新乃可盡矣惟然而新乃愈無盡矣此湯所以銘又日新歟與上句為膠漆卻又歷歷分明思精筆妙神山開石讀出矣王素修

若於上句外另做又字則豈得云又日耶然語太簡直本句反屬贅疣矣文乃入微　周自民

易言恒久不已終則有始證之書言終始惟一時乃日新實是此銘義蘊講又字如陡健舉恰正終始一貫可謂抉經之心　丘庸謹

一股拈出一回新　弟萬吹

湯之盤銘

恩宗師[illegible]同　安學弟[redacted]名　潘大琳玉壺

傳者欲釋新民之旨首舉盤銘以示法焉夫湯之爲湯不僅以盤銘著也然即此已見新民之有自矣傳者故首舉以示法歟且天王治與主德息息相關者也世風之盛也在百年必優游饜飫始成至治之功主德之隆也在一己必謹小慎微無忘寅畏之念古聖王德脩於身而撫臨萬邦者其劼毖之懷雖在纙數之末亦深警惕之神焉如湯之盤銘是已洗罷不求舊一盤何足介意然細行不矜恐終累大德故箴華特書悉爲觸目警心之助況物非失貴銘刻似可無庸然小物不遺斯動息有養故即器見道豈徒彫

文峯社

文刻鏤之觀是則湯之盤銘意在斯乎溯自元鳥生商以來殷士嘆世〻矣使不小心審慎於其際則失兆民之懷者猶在後而失一己之脩者已在先也吾觀於湯其取義於盤者精矣濯一沐而反覆常存顧諟之衷恐澡浴未深醇時凜冰淵之城而結念維懸直如左史之記言右史之記動焉念自正域四方以後商邑美翼翼矣使不敬慎維特于其間則反躬於已而有歉者何以對天下而無慚乎吾觀于湯其寓意于盤者遠矣嚴薰沐於三櫛倍深惕勵之悅謹精浴于五日每釐藏垢之羞而專神所注亦猶刀劍之有銘戶牖之有銘焉或謂湯以圣人之德一嚬一笑無不悉協乎

律度。盤銘胡為者不知湯不以盤為洗身之盤而以盤為洗心之盤所以智勇雖云天錫而旦明先聞于宸衷撫斯盤也大德懋昭之精神可與共球而俱永矣或謂湯以聖人之學一牵一動先不各造乎精微盤銘又胡為者不知湯不以銘為淑身之銘而以銘為淑世之銘所以圣敬聿仰日躋而勤修猶岩于下士觀斯銘也檢身不及之箴觀可與風愆而並垂矣湯以自新立新民之本如請得而畢其辭。

意充沛筆氣挺拔　原評

日日新又 二句

潘兆新

日新之學無間而又為之加勵焉夫使新或有間則後此又何以為新乎故盤銘為之深致意云嘗謂天行之健也日復一日而其體常新王者之法天也亦日復一日而其新不變特慮當絕續之會而志或阻于中衰恃苟安之情而氣或銷于末路則非聖天子日新之學矣若湯之盤銘既曰苟日新矣斯時也以懋昭之主德而齋祓濯之精神將書所稱德日新萬邦惟懷者其在斯乎而湯之銘不止此也若以今之日猶夫始之日也則今之新猶夫始之新也然而垢者與日俱積者也與日俱積之垢自當與日而俱新

故以今之日為即始之日不可則以今之新為即始之新亦不可如謂今日偶爾不新初不累乎其始之已新庸詎知即此今日之不新雖積終身之日而莫補況乎今日已去異日復來使今日之新可俟諸異日則異日之新其將誰俟耶湯于此新我已新而或見為不必再新之日新我已新而今寔為不可不新之日新我已新以不負乎其始之新之日新我已新以徐及乎其後之新之日爰銘之曰日日新而猶不止此也若以後之日一繼此之日也則後之新一繼此之新也然而垢者去而又生者也去而又生之垢自當既去而又新故以後之日為即繼此之日不可則以後之新

蒙莊筆妙

帶定日字

筆如大

小珠走玉盤

為即總此之新亦不可如謂後此不必又新仍無損乎從前之屢新庸詎知即此後日之不能又新將舉疇昔之日而皆虛況乎廹我後日視我屢日使後日之新不必如屢日則後來之日豈更無可新耶湯于此又新我常新而或有不新之日又新我常新而不可不再新之日又新我常新而自見為惟恐不新之日又新我常新而必不使有一息不新之日爰銘之曰又日新此湯所為以日新之學而為新民之本也夫

帶定又日字

氣度雍容未嘗瞻顧趑趄而無不關切盤銘恰是此題佳證不可移擬上去二句亦不可換變其清快乃如列子御風

不粘〻學莊而得莊之髓故能發其悟妙白描神手也

湯之盤銘曰　二節　鄭芳

自新以新民商周無異道也夫湯與武皆有新民之責者也銘曰自
新誥曰新民不可參觀而得其道乎嘗謂爲葦之際斯民維新之日
也然其致之也有自其理之也有方自古王者未有遲世無本鼓舞
無術而能崛起在此位者也吾釋新民而有取於商周敬勝義勝我
（反筆具有精理）
昭考議道自己之思較嚴於剡辟而聖敬日躋大德有懋昭之須則
先武而自新者厥惟湯克寬克仁商先王彰信兆民之烈丕休於群
后而掃除穢德會朝有清明之象則繼湯而新民者厥惟武被其檢
（補筆）
身不及平日之制事制心以端表正之原者不可勝紀也吾取其合

於新之說者則莫如盤銘曰苟日新奮其始也曰日日新勵其繼也曰又日新凝其終也去垢莫如盡以時為滌樹德莫如滋以日為程（題理透闢詞氣充堅）始之以誠繼之以恒終之以永商遺彝倫視前人而更肅其見於銘者有如此彼其無競維烈當日之悖信明義以建大定之業者不可殫述也吾取其合於新之說者則莫如康誥民之未新以倡率為作民之方新以誘掖為作民之既新以勞來為作寡兄以之造周而垂拱大治小子以之君衛而迪吉用康畫井以育之建學以淑之明倫以治之我周功業較二代為獨隆其見於誥者有如此觀銘可以見天德而天德以新為期觀誥可以見王道而王道以新為貴兩聖人

湯之盤銘曰 二節（大學） 鄭芳

總取華舊以為功而脩已必嚴治人必力使天下知革故之會咸與維新銘不必言民而已德新則民風不獨舊詰不必言已而民俗美則已德日益醇兩聖人總取更新以為化而湯亦觀民武亦觀我使天下見征伐之隆總歸道德厥後元鳥生商湯有天命之頌上帝臨汝武有受命之符此以見人主自新以新民雖天命亦與之俱新也故連類及之以為新民者訓

老實堅光題無剩義

（收章警達）（補齊更完）

日日新

江西建昌劉府尊
觀風南城二名　鄧之澄

新與日升巳新者若故矣蓋日更一日新更一新也圖新於日日詎謂其得半輙止乎故釋新民者首詳之今夫象之所呈送示其變功之攸效益章其質使境與境代而心與心晝怠矣坐失先天之緒而寸陰不償於繼抑又弛也怠歟弛歟中途而墮歟嗚呼莊其嗣日維勤者乎惟日新之湯復有銘也曰日日新理之宿也撚於至銳然而銳中衰則明斯翳矣何以表其内心之符故必健行弗息而後有敬脩日躋之功一話之造也走於克奮乃方奮旋懈則靈斯蒙矣靡以著其聦融之體故必自彊不息而後有澡身浴德

峭特生換
質高朴辣合
足徵根柢之麗

之坊且夫新者故之反辭也化故為新而新者新矣積新為新而故者愈新矣夫新之與故豈有待乎一言新而新新之理已寓然既言新而不新之新仍留也使必執一新以為新焉則新者當不

一折又見洞天自饒

新此日矣將胡以著其日新之能新者垢之悉祛也滌垢為新而新者新矣萃新為新而新者益新矣夫新之與垢豈容貸乎新之

吐屬俱有雋致

於垢而垢者何新然新文生於新而所新之新亡垢也使必謂一新遂無不新焉則新已無容計此日日矣抑何以貞其日新之量

題畫井

且夫日之運罔窮而新之機靡罄日若與新並行而不悖乎日以日嬗即新以新嬗將新應日而生者日遞新而進其新之程於日

者深相惕於旦明之頃而新新之緒彌長日不與新期而縈之乎新新若與日日計而不足乎日與新相逐新與日相延將積日而積新者新運日而厲其新之華於日者實交毖於扶桑之介而日日之輪自轉是知日繼日而新繼新則愛新者愛日而不舍晝夜（題汁咬破十分）（內典）（用成語有理趣）庶幾一二日而一二新則日孔追者新孔嘉而濯若江漢則信乎聖敬之主苟日之新與日日之新而新新之相續也無以栽微之天日

理境澄徹思路靈敏造意作句皆是南華妙筆　原評

緊切日日題界一絲不走選聲環義不膚不支昔人稱曹植文

考卷小題辦香　　劉入　　太學

極有骨理。吾兄諸試作。其俶儻清贍。力欲過之。能不令群英俯

。首第奎夕

日日新　鄒

湯之盤銘曰　錢光祖

器可以警心商王即物以自悚焉夫盤雖沐浴之器而有以銘焉心自警矣湯之先為自悚何如日聖王惟有煥然揭日月而昭者先天下而自為斂覺則雖以物之蔽除黯蔽者亦務鄭重視之勤以箴規而不能肆蓋無知者物有惕者心萃其精於常用之器得所托以攄詞則心寓於物物即是心無知者而亦有惕矣吾不禁穆然於湯夫湯質秉勇智學切懋昭實責正為邪者也其顯為謨垂為警者既見於亳都誥書諸篇又何待假物以致警哉雖然既已謹乎大端亦不遺夫小節兄有盤也允當銘也銘因盤以著者

盤得銘以儆云特是盤之在御也祇令含污負垢者一再祓而祛
（甬三希寫下恖尸幾無意之論）
其塵壒耳疇則不泥盤之迹克契盤之理并融會盤之神者而湯
則謂寄其用於身宜常懔其用於心躬任蕩滌斯人之責而一己
之滌濯不先戒謹可乎蓋以盤視盤無過澡身不以盤視盤實堪
浴德以器皿視盤尚當存謹小慎微之念以沐浴視盤能弗凜洗
（照下要）
（緊一步）
心滌慮之資古云遠取諸物近取諸身湯之自警精矣今夫盤盂
（熟類皆有據者）
寓用者王者之借鑑不忘也銘誌旋心者王者之殫修靡既也器
惟法古而人不敢輕若盤止尋常之具澡雪所資至無奇耳顧以
（又念新民）
聲色不邇貨利不殖之主弗以器甚輕微式九圍而載筆自規實

湯之盤銘曰（大學）　錢光祖

為淑世必先飭已細行不矜盤恐目視手指矣非法物而寓法言直與風戒其三愆懲其十鑑詩金石而常昭觴緣時用而或鄰於褻若盤爲日用所需洗濯之餘能無玩乎詎意制事以義制心以禮之聖初非以物近褻狎先萬姓而垂箴示訓亦以治人端本修身小物克勤盤寔師保父兄矣因時用而襮時惺堪儕七年望雨六事返躬壽之鑄盤而不敝一書曰德日新萬邦惟懷殆即湯銘盤之意也夫

遠合章旨近照節旨局緊詞精法密神旺磊磊明明聲動簡外

顧蕙種

日日新

錢春明

商王之總言新也、而求其無間焉、蓋使有時而不新、并其新者而
亦失之、故徵之以日〻也、且自新者非可以旦夕間而畢乃事也
恰是日〻前央維語
夫人之心一用而輙已則此中消長之數遂有所不可知及既知
中間不容一息間正是日〻之義
之而其間吾心者固已久也、維欲續焉而無及矣則奈何其多此
一間乎盤銘既言苟日新矣未已也、以為凡人既新之後必不同
正是界在進止二路
于未新謂新〻已有其因也夫有其因而進焉與有其因而忘焉
其機正不能中立矣抑人不新〻患未必非即其所已新謂不新
細心無間
之易生于伏也夫生于伏而絶焉與生于伏而長焉所爭正不在

儀頃矣其惟日〻新乎一日之間我于往者其端恒漸而不留無何
已往將來全在接續將去無一字
而日去矣無何而日復去矣冉〻者多不可追而我不能閱日而
出題界之外　不容緩妙
新也其孰償此易徙之日即急乘而用之而日與日之相迫故我
是日〻相迫中之義
因之而日去轉覺日有所棄者之即日有所取也則取之不勝取
也一日之迫我于来者其途常引而愈遠無何而日至矣無何而日
後至矣悠〻者殊無已時而我不能與日俱新也不其虛此遞来
不容已尤妙
之日耶漸積而深之而日與日其相摟斯意因之以日來彌覺日
有所增者之偏若日有所去也必去之無可去也一新之心欲其不
新若不變便非日〻之新
致新之境又欲其〻日變故雖今此之所新未必非即前此之所新

乃時而新之而遂若屢進屢易者然祇此湛然之体恐其息之而
新者亦故也毋寧勵之而故者彌新也由是而往焉庶幾可乘之
際乎新之功求其日遷新之力則求其不遷故有今此之所新不
二遷非不能日新矣
暇留為後此之所新乃積而新之而竟若素定其程者然祇此不
息之衷惟其日日者之各有一新也是以日日者之常如一日也
由是而之焉其遂無遺憾之留乎来已也則又有所以終之者
恰好是日日新移向上向不得移向下向亦不得必如此乃為
肖題中比已往急用將来漸積恰是日日相連之意後比新
之境欲變是拆開兩日字新之力不變是合併兩日字体認之

今文宏觀　大學

細得未曾有

日日新　錢

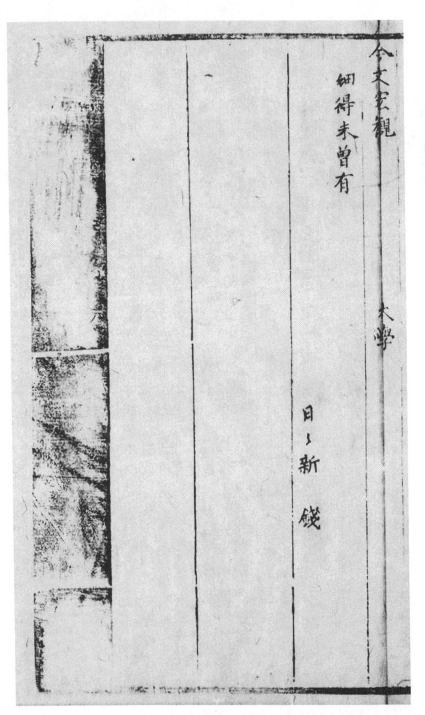

湯之盤銘曰

二名 檀萃

商王洗之之容可徵於其銘焉蓋洗心所以明德也觀於銘盤而
湯之自警抑何切乎傳者引之殆爲新民者溯其源耳且聖天子
接切新民本
以建中垂裕之身樹觀型於海甸斯萬邦之表正猶後也而必持
一心之祓濯以凜於與物相見之先故皭然不滓神明潔澡雪之
思斯湛然常惺器用寓箴規之意其借鑑而得者其目擊而存者
象上落題明白秋月濯人
也今夫顧諟明命湯之所以明明德也頤一德動天既成爽師之
須出行民
烈而也園是式終本聖敬之躋則經之言新民者仍可稽諸湯矣
蓋其咸命 上帝之降衷而克綏惟后故當年人紀肇修不待糾

思墨 大學 江南

恩墨　大學　江南

繩于監史不遁不亡早以齊明端冕之原乃其祇畏夫皇天（能返其鍊）之眷佑而慎終惟始故一切怵惕毋即妄嚴對越於宮庭而制事制心從以潔淨置清明之體夫意存齋滌敢云僅潔其身而念切觀摩自覺罗形而上其于盤也蓋有銘云一智勇之天錫也海宇咸（精到語）底肅清豈寸衷反叢夫詬病不知奮一朝之烈靖天下之紛而餘積畢世之勤捐片念之污而不足也湯之盤銘其意念有深一者矣其球雖集于盛世悚惶弥切于淵衷安在奉匜沃盥之餘非浴德澡身之藉乎心為藏而心為寫則凝乃神者自不至紛乃（行文俱切新民之本）志耳覺仁之彰信也風俗既形其熙攸屬豈提撕乃强其明威不知

在萬方者將沐浴于王化而帝可派孫在朕躬先盪滌于王心（○斛○自○新○拾○是○齊○二○身○分○）
而功難旁貸也湯之盤銘其提撕有摯焉者矣守典雖足以承休
宅衷恒虞其含垢衆凡洗心滌慮之功不倍凜于振衣彈冠之會
乎念在茲而釋在茲則警于心者不外此怵于目耳是故潔蠲久
矣道心常存斯取諸身而脊留模範即一盤而凡物可引而伸也（○活○而○自○妙○）
感觸遇于當前會心不遠取攜憑于有象警悟良深故三風十愆
第嚴官刑之儆而惟此銘尤爲興王啓迪之微言澣洗嚴則人心（○勁○題○清○勁○仍○還○靈○妙○）
自息斯隨所值而不患終昔一盤而無在不連而及也小物遊
勤惕得之戚之容一言居要時聞警誡之聲故伊訓也詰咸稱功

恩彝

德之隆。惟此銘實為哲后盟心之要、追祇台於片悉盤盂粲

鞶鐸之箴而啟敬勝于後王哉、銘兆商書之訓、進考其辭湯之自

新新新民者可見矣

語語精刻異采堅光逆露腕下墨裁秘竅只、一鍊字足以盡之

此殆神乎技矣筆力較元作似勝數籌

湯之盤銘曰

典試 忠科
江南第二名 檀萃

湯王洗心之容可徵於其銘焉盖洗心所以明德也觀於銘盤而
湯之自警抑何切乎傳者引之始為新民者溯其源耳且聖天子
一起有龍跳天門虎卧鳳閣之勢
以建中垂裕之身樹覌型於海甸斯萬邦之表正猶後也而必持
一心之祓濯以凜於與物相見之先故皭然不滓神明深澡雪之
愚斯湛然常惺罷用寓箴規之意其借鑑而得者其目擊而存者
听劍
也今夫碩說明命湯之所以明明德也頓一德動天既成英師之
分明
烈而九圍是式終本聖敬之躋則經之言新民者仍可稽諸湯矣
推求愈直透題巔
盖其敬念夫上帝之降衷而克綏惟后故當年人紀肇修不待糾

繩于監史而不遁不殖早以齊明端化理之原乃其祇畏夫皇天之春佑而慎終惟始故一切惱淫毋即每嚴对越于宮庭而制事

務鍊

制心遂以潔淨置清明之體天意存瀚滌敢云僅潔其身而念切觀摩自覺器形而上其于盤也蓋有銘云智勇之天錫也海宇咸

精思名言亦可作座右銘

底于肅清豈寸衷反叢夫詬病不知奮一朝之烈靖天下之紛而有餘積畢世之勤捐片念之污而不足也湯之盤銘其意念有深

空皇中仍自細切

焉者矣其球雖集于盛世怵惕獨切于淵衷安在奉匜沃盥之餘非浴德澡身之藉乎心為藏而心為寓則處而神者自不至紛乃志乎寬仁之彰信也風俗既形其駿偶豈徥躬反弛其明威不知

在萬方者將沐浴于王化而事可遥臻在朕躬者先蠲滌于王心（沉透語）而功難旁貸也湯之盤銘其提撕有摯焉者矣守典雖足以承休宅衷恒虞其含垢舉凡洗心滌慮之功不啻凜于振衣彈冠之會乎念在茲而釋作茲則警于心者不外此怵于目耳是故潔蠲久（高警）則道心常存斯取諸身而胥蹈模範即一盤而凡物可引而伸也箴觸遇于當前會心不遠取擕凴于有象警悟良深故三風十愆（動題清勁妙還虛步）第具官刑之儆而惟此銘尤為興王啟廸之微言滌洗嚴則人心自息斯隨所偕而不患紛營舉一盤而無在不運而及也小物克勤恍得退藏之密片言居要時聞警誡之報故伊訓廸誥咸稱功

德之隆而惟此銘寔為哲后盟心之要旨追祇台于先哲盤盂總紬繹之徽而敉敬勝于後王箴銘兆丹書之訓進考其辭湯之自新以新民者可見矣

通體注定章旨節旨落墨脈理既真而詁題處仍字字凝鍊不肯一毫放鬆具見苦心孤詣　主司稱其後場原原本本才識兼長宜文字俱有異采堅光透露腕下所謂腹有詩書氣自華也閱中賞識良非偶然　廖古檀

骨重神寒天廟器豈同耳目近玩　廖承荇

苟日新日日新又日新　　饒用

繼明德而言新、必純其自新之功焉、夫已德既明、則所以新者、新
獨在己矣、而自新固其本也、倘述銘詞、其功亦何純哉、傳者謂、昔
言明德而歷引帝王、尚矣、顧所謂自明者、將唯是寂守其身乎、抑
（渾涵高深、氣於神究）
推其量以及於無窮乎、而要以無窮之量、必本於不聞之修、則亦
猶是皇自敬德之旨、相與祓濯於厥心、而慎修思永焉、如湯之自
銘其盤是已、夫湯之銘盤、其取類不過一物之微、其惓懷直統百
（領上下、幕落、脉取、從起新）
年之久、固與顧諟明命之旨、互相發也、溯陟降於繼學、祗此瞬然
不滓者、隨氣質官骸以俱界、使旦明不泯其顧畏、則虛靈已失、方

寸悉叢垢之區原降衷於上帝祇此皦然不污者超物欲攻取以獨全惟朝夕時惕夫明威斯纖濁不攖天君還清明之守甚矣自（開合蓋題言發思精）新之要而無間之難也則嘗即盤銘所謂茍日新者思之而知其（披剝精細）功之克勤於始焉昭質不經夫習染且無所謂舊也奚待言新至於新而向之況淪於物感者亦已久矣乃幸有此一自之振拔也憬然於舊染之不可安因奮決以出其才覺一隙微明即天命術還以相證崇朝愧勵之下始基固牢[illegible]拔耳一抑即所謂日日新者（綿密純）思之而知其功之不間於繼焉此生祇安夫故我則一日之新未（細意發緊）能也遑言日日誠日新而向之味沒其天真者漸知返矣要何可

無此日日之繼起也皇然于始事之不可棄務接續以綿厥修覺
鉄畫銀鈎之筆
重明繼照準天行而勤其澡浴日積日累之餘程功正未有艾耳
抑即所謂又日新者思之而知其功之不懈于終焉志氣一發自
無餘即日日之新猶難也違言又日日業日日新則所以從事於瀸
雪者匪淺當矣而仍不可無此又日之振頓也奮然於此事之無
窮期雖一息而不容懈覺慎終惟始當求路而益淬其神而志誠
層疊奔赴緊上出重霄
無息之功惡在為其究竟之時哉若此者天德所以克全即王道
拚痕掴血鑿闢絕倫
所由托始蓋天命之理無息弗流行於人心自立身甘於昏獨遂
不能與帝載相通誠日新又新有層累而無間斷則真精所凝聚

 二

之區力潔躅以持其素所謂清明在躬志氣如神焉抑王化之成無一不隱根於性命惟處已淪于卑污遂無由與倫類相見誠日新又新有精進而無止息則群生所托命之處先滌濯以清其源由是一人元良萬邦以貞焉湯之自新以立新民之本者如此。

骨重神清塵氛盡滌　稽尚佐師

不矜才不使氣體質清厚刊落膚靡斯為爐火純青　李石渠師

日日新

程 太宗師科考取仙遊縣學一等一名 謝一桂

繼已新而言新功以日進矣蓋能新者不以已新而自足也盤銘之繼以日日新也其功不有進乎闡之一日二日萬幾而必本于皇衷之慎懋則知重離之象必有其繼照者天道之所以迭運于上也舊之餘彌致其恢廓者君道之所為勵精如昨也則如盤銘既云苟日新而繼以日日新是已以為人主有志圖新而洗心無累者基已立于其始計日為程而課功勿輟者業必深之以漸日復一日矣先陰倏逝顧今日無忘昔日新不一新也敏皇倍至雖已新猶惕未新天命可留也維日為無可留則夫日固有迫我增新之象曰明之凜

繼以日旦康幾哉方寸之浚濯仍是居諸之照臨焉耳恒性厥綏也
非徒一日而綏覺為新更有惟日不足之勢念茲既在繹茲亦在康
幾哉幽獨之淵雪有如光景之復升焉耳如曰新無加于前日而不
必新也豈不遇之後即無聲色之遊乘豈不殖之餘即無貨利之交
誘吾知幾微之瑕疵足以玷疇曩之清操而有餘如曰新有異于前
日在所宜新也事有所由制而義不為陳迹心有所由制而礼不襲
舊者惟是繼念之清明無以續平昔之媺修而難緩道不可以不積
矣一念之惟微未遷以祛念念之惟危要必先此之易舊為新者今
且易新為新則積道者奚容一日而稍息德不可以不崇存乎前之

天理亦難以淨久擾之人欲要在今此之繼新于新者仍如始之誅新于舊則崇德者當較往日而加勤一昧爽匪伊朝之故豈以晦明之間歷而頓改必期丕顯靡自懈之時豈以偶爾之奮庸而遂成中絕此湯之所為日日新欽然而未已也

程學院評

不蔓不支

日日新　謝

湯之盤銘曰 三節 鍾兆相

新民有全量得其說於商周焉、蓋新民之學本於自新、而及於新命也盤銘康誥周詩曷不取而觀乎、且經言新民之學而不自新民造其始也觀民原於觀我亦不自新民終其量也順人即以應天古王者疾敬誠和道仕於此上考商周博徵載籍而得其說矣試由周而溯乎湯焉駿厲嚴肅萬邦仰表正之勲簡賢附勢之餘風倏然丕變矣而有仁民懷要必昧爽丕顯惕風愆之戒於乃身大小共球百祿呈是遒之象有寔丑業之般土長發其祥矣而克誠神享惟是大德懋昭濬哲禮之防於夙夜盤銘曰、苟日新、慎厥

始也日日新和厥中也又日新圖厥終也聖敬日躋湯之所以王
（用古如自己出）
也非天私我有商惟天佑於一德非天求於下民惟民歸於一德
使予孫率乃祖攸行商天下至今存可也奈何後王弗之鑒也惟
受罪浮於桀天厥厥德用集大命於有周泰誓興而康誥繼作矣
常日者四海雖永清然妹土舊邦驕淫矜夸之習猶有存者頑乃
德遠乃猷進新民於懋和吉康是所望於蒞茲東土殷迪即未靖
然比介有周洗腆孝養之風未盡泯也若有疾若保赤登斯民於
棄咎康乂端有賴於介弟而侯此作新之誥武王所以為小子封
（信係贊乎之句指揮如意）
致誠也雖然武之民夫有所受之也蓋明大命於沬邦固率小子

以聰聽而其肇國自西土則本衣德為緒闡惟乃丕顯考文王明德慎罰用咸和於萬民懷保惠鮮乃克受乎方國惟德動天光四方而顯西土十五王積累至文聿覲厥成至治馨香受帝祉而施孫子八百載丕基惟文始膺天眷至於功成作樂子孫追述祖德有曰周雖舊邦其命維新謂非文之能新其德以及於民歟此文

東峯

所以上接成湯日新之訓而下開我武作新之治也夫湯與武古聖天子也文古聖人也而欲新民必本自新以開其始必驗新民以要其終載籍所傳彰彰如見後之君子可以與矣

黙寵堯典舜典字啟堂清廟明堂詩　原評

洗酬古籍。隨意驅使。而絕無聲積牽綴之痕。知於此道。有手與物化。不以心稽之樂。孟朝舉

馮之盤銘　錄

意

湯之盤銘曰

江南張學院歲考　繆謨
華亭縣學二名

上稽古銘昭其潔也夫器亦孰不可銘而獨於盤者其始以潔為義
乎商王之自警者有可稽矣嘗攷銘於何昉乎古之聖王於朝夕所
見之物恒借以觸目而警心焉則書以誌之是故觴豆有銘以至刀
劍几杖悉有銘銘也者明不忘也是典謨雕頌之所未及傳者也迺
湯之銘於盤者何歷克寬克仁之主可自繹其憂勤不遑寧暇之餘
似無煩於咨儆而湯之銘於盤也則以簡冊雖可壽或永或不永而
何似銘諸盤則金石所著千古不能磨滅也要惕尚可見無形若有
形焉況于盤有然是盥漱所需進御而即諫然也且夫盤也者人

此後二股

藉以去其垢者也。顧天下誰不潔清之自好，而獨有蒙垢而以為安

者。吾初不解其何心也。且以垢之易染也，旦而去之，夕已滿焉矣。蘄

而去之，朝又滿焉。危殆有不能一去即已者乎。淺若仁吾今而有以

銘吾盤。抑盤也者，又人人之欲以潔其體者也。顧天下亦祇形骸之

自憎，而忽有見人之不潔而為之不適者乎，又不識其何以然也。良

以潔之可樂也。一人潔而一人之體快甚矣，人人潔而人人之體快

甚矣。殆有不得累體相規者乎。湯若曰：吾今而益有以銘吾盤矣。而

其器甚貴，幾等於夏鼎商彝之難其觀也。其詞筆傳，有似乎皇墳帝

典之未易窺也。蓋湯之德，見於仲虺、伊訓諸篇者，夫人而能讀也。至

（原評：洽日新義）

（原評：照新民看緊）

（收下重妙）

於盤銘則其文簡既不足以成篇而史策殘於斯矣故吾未論懋昭
原評詞意甚高
建中者若何也揭其文而宣之俾人得共覽焉即謂商之逸書可也
湯之功垂於玄鳥長發諸章者夫人而能諷也至於盤銘則其一木
又不足以成章而篇什不能登矣故吾未論式於九圍者何如也即
其言而彰之俾世得咸聆焉即謂商之逸詩可也自新以新民者書
進而稽其詞乎

新民先自新乃一節通論於一句題多衍此意便涉寬泛至於切
合盤銘只數衍洗垢去垢題頭又窩濫不堪文緊從盤字銘字起
議論最得一句題作法而家必新尤文筆古雅更為獨絕原評

主考者批：
命意靈奇，蓄詞雋妙，巧心妍手，迥異榛荒。
中
湯之旗
取

湯之盤銘曰

江南張學院歲考 華亭縣學一名 繆謨

上稽古銘昭其潔也夫器亦孰不可銘而獨于盤者其殆以潔爲義乎商王之自警者有可稽矣嘗考銘于何昉乎古之聖王于朝夕所見之物恒借以觸目而警心焉則書以誌之是故觴豆有銘以至刀劍几杖悉有銘〻也者明不忘也是與謨雅頌之所未及傳者也（代後二股）迺湯之銘於盤者何居竟寬克仁之主可自釋其憂勞不遑不逮之衆似無煩于咨儆而湯之銘于盤也則以簡冊雖可書或永衰不永焉何似鑑諸盤則金石所勒千古不能磨滅也羹墻尚可見無形容有形焉況乎盤有銘是盥漱所需進御而卯竦然也且夫盤也者人之

藉以去其垢者也顧天下誰不潔清之自好而獨有蒙垢而以為安者吾初不解其何心也且以垢之易染也旦而去之夕已滋焉矣暮而去之朝又滋焉矣豁有不能一去即已者乎湯若曰吾今而有以銘吾盤抑盤也者又人人之欲以潔其體者也顧天下亦穢形穢之自愧而忽有見人之不潔而為之不適者予又不識其何以然也良以潔之可樂也一人潔而一人之體快甚矣人人潔而人人之體快甚矣殆有不得異體相視者乎湯若曰吾今而益有以銘吾盤然而其器甚貴幾等於夏殷商彝之難共覩也其詞罕傳有似乎豈賓奇六之未易窺也蓋湯之德見于仲虺伊訓諸篇者夫人而能讚也至

叙評照月新亦警

歌下文脉

原評深析民亦警

湯之盤銘曰（大學）　繆　謨

于盤銘則其文簡既不足以成篇而史策幾于缺矣故吾未論
建中者若何也揭其文而宣之俾人得共覧焉即謂商之逸也
湯之功弥于玄鳥長發諸章者夫人而能諷也至于盤銘則其言朴
又不足以成章而篇什不能登矣故吾未論式于九圍者何如也絶
其言而彰之俾世得感發焉即謂商之逸詩可也自新以新民者言
進而稽其詞乎

新民先自新乃一節通論于一句題务衍此意便涉寛奔至于切
盤銘只敷衍洗垢去惡諸頭又腐濫不堪文緊從盤字銘字起
議論最得一句題作法而文心新警文筆古雅更為獨絶　原評

又日新　　魏乘龍

厲新於終、若有加乎其始焉、盖新何日可終、見為可終、即已非新矣、湯之又日新也、亦曰恒新云爾、且夫德之新也、患其不久、夫既患其不久則安有或輟之一日乎、是以古之聖王直舉始事無窮之經營淬礪於積久之餘、盖其自強不息之心不如是而恒若留其餘憾也、

（便按切。○是○又○字○精○神○）

湯之銘盤不第苟日新日日新已也、錫智錫勇之君、度無有得半而足者、湯不慮其足也、以為即安於不自足而猶恐意念之懈或隱伏於一朝、不邇不殖之君、度無有衰至而驕者、湯不慮其驕也、以為即凛乎不敢驕而猶恐昭朗之體、未光華於後旦、爰讀其詞有所謂又

（○二○比○高○絕○破○是○）

（○成○湯○又○日○新○身○分○）

日新者焉治私滌垢功欲其熟也氣又欲其生蓋由生得熟則稔至（點就上二句勘出又日來何等精刻微至）者不疑從熟得生則將息者彌奮也湯之日新幾〻乎熟之候矣又從而自提焉又從而自命焉以為情歸乎其氣正銳往也則惟熟而生〻之〻足恃爾洗心藏密養欲其靜也機又欲其動蓋動後得靜則定性者漸近自然靜極忽動則習勤者有加無已也湯之日新幾〻（思入無間）乎靜之期矣又因而一振焉又因而一警焉以為垂成乎其機方濬（翻去講章終字俗解）發也則惟靜而動之〻有權爾此非必新之既終而後新可信也見（又日與）為可終何日是終見為能終即已不終湯若曰有終者日無終者新（上苟日〻新日〻新作一事看是三句緊讀）我嘗抱此苟日新之念而新可終矣我常抱此日日新之念而新可

終矣前此之新何可一日棄也哉亦非必新之克終而遂新可止也（又字妙辯）
新之能終何日非終終又能新何日非新湯若曰無終者日有終者（又字與上苟日新日日新作折斷精是逐句實讚）
新我並不存苟日新之念而新又特起矣我並不存日日新之念而
新又若轉境矣前此之新何可一日擴也哉以澡雪之勤況浩德之（又字神辯）
象至於又日而滓穢乃以無餘以天行之健厲人事之修至於又日
而光景終焉不晦湯之自新如此宜其表正萬邦而明明德於天下
也矣

力闢恒徑字字是此題真面目　原評

語語從上二句看出又日新來陳言腐氣都不繞其毫端而心思

考卷中㕁

所際。如役五丁之力士。開一線之險。蜀更為從来諸名作尋味之

所不到。

又日新 魏

大學

湯之盤銘曰

顏光輝

商王有自新之情而借器以示警焉蓋盤所以新其身者也因潔身而思潔心湯故銘之以自警耳傳者爲釋新民而引之也若曰人之欲潔其身也不如先潔其心苟心之未潔雖潔其身何取乎爾（帝旨）吾尚論帝王而治心之功又有即潔身而見者不觀之于湯乎以義制事（反主爲客）（顧ㄑ括）以禮制心湯之存理者已至而湯尤恐其久而弛也不通殽色不殖（道了前ㄑ意）（借上題說）貨利湯之遏欲者已嚴而湯尤懼其時或懈也天命既常凛于目則（陪說恰好）必有所惕于心人功欲無忘于心即思有所警于目爰有盤爲從而（用楚詞如已出）銘之湯之意蓋以沐者必彈冠吾安能以身之察察受物之汶汶

者乎然身既吹出於外垢而心又惡容有惡也此其理可以盤而悟也新浴者必振衣吾安能以浩浩之白而蒙世俗之塵埃乎頭身之欲其祓除詎異于身之欲其洗濯也此其意盍于銘而寓也然則斯盤（川雲冬月漸次而出）也在人第以為澡身之具而湯即視為浴德之資心有所惕而托之（氾梅鄭重）于銘即謂銘之所稱依然虞廷之心傳可也抑思盤也即湯有不以（進步更好）滌身之時而銘莫非其儆心之箴言托于盤而即銘于心雖謂盤之（正用堯）所云切于陶唐之大戒可也前乎湯者建鞀懸鐸無非藉以自淑其（舜作襯在股后〻以為武作襯在股頭）心然而取之丁人何如凜之于己為尤切乎吾知一沐而三握湯固（不累日字）有目觸之而默識其言者矣後乎湯者書席刻杖亦無非借以自勵

之辭然而內治其心鑒于外潔其身者則愈切也如云方沐則心覆
湯固有身親之而倍凜其訓者矣夫人誰不有事于盤而知引以爲
鑒者蓋寡亦孰不共知其銘而寔能無戾斯語者有幾哉夫惟湯之
自新如是于以爲新民之本非偶然耳

融會註意梳櫛題義釁詞泛響洗滌一空至其氣體渾穆如古箴
銘于題尤相肖也

制事　書仲虺之誥王懋昭大德建中于不通二句並見上虞廷心　民以義制事以禮制心垂裕後昆逆近殯聚也

傳　即書人心惟危道心惟微堯戒曰戰戰慄慄日謹一日人　惟精惟一允執厥中四語大戒莫蹟于小而即于垤見淮南子

建　鞀音洮浴南人禹懸鍾鼓磬鐸以待四方之士曰教寡人　鞀以道苦摯以諭以義者擊鍾告以事者擊鐸語以憂者擊磬

訟獄者書几杖、凡銘、礼、武王聞丹書之言為戒書于席之四端及
搖鞀銘十有四席銘曰安樂必敬無行可悔之
及一側亦不可以忘所監不遠視尔所代杖銘曰惡淮南子
乎危于忿懥惡乎失道于嗜慾、惡乎相怨于富貴三握記論訓
禹一饋而十起、一沐三握髮、以勞天下之民、又左傳晉侯之
周公一沐三握髮、一飯三吐哺、恐失天下之士、心覆豎頭須求見
公辭以沐、須曰、沐則心覆心
覆則圖反、宜吾不得見也、

苟日新

湖南攸縣胡學　羅世璋
師月課一名

新與日更始、傳者首揭其旨焉、蓋湯惟勿欲自逸、故能與日俱新也、粵稽盤銘、有曰苟日新、美哉、其始基之乎、今夫人至不克自究其物則之天、而有待於淬厲之圖、此其心吾猶懼其多所危也、況日染於外端之紛乘乎、夫溺于危而莫轉、即日汩于危而不還、玩惕之戒謂何、而又益之以危也、若湯之盤銘、豈其然、萬物莫不受裁於昔、故澡身浴德、致必命乎其質也、（是有○章○要○刪○字）然質而無以濟之、將汝其嗜欲之性、而德性之權不尊、務居罔不歸功於豫、故洗心滌慮、端有操乎其朔也、使朔而無以行之、將寶其精力之存、而德產之微漸耗湯於此彌用凜凜也首稽其詞曰苟日新新則甫離乎垢之途而猶不能禁垢之勿相濡夫相濡則日貸之也湯則制事制心以來滌其神於夙夜之中而垢之緣已謝於不自知故新雖不（吸○浮○下○起○）逐日而覓而要必以一日統其宗新則漸遠乎物之濇而猶不能（尚○要○月○日○又○日）俾物之不相染夫相染則日誘之也湯自不邇不殖以來黙嚴其防於昧爽之際而物之累已捐於不及覺故日雖不與新俱真而（恰○是○苦○下）要必藉一新開其先且夫日者虛象也有新以實之而日乃彌永而常留不得謂日之數虛而新亦皆虛也吾苟有不欲虛此日之心而此日之祓濯於以無所憑而益奮抑新者實功也有日以足

之而新乃乍觸而損惺不得謂新之事實而日漸不實也吾苟有
（新○有○突○在○王○大○力○行）
不欲實此心之念而此心之發端於以有所滯而始興是知天下
事愚者見後而明者見先見先乃以見後也湯則寸陰是惜常以
（苟○字○佳○）
（擘○下○意○整○）
一日導夫先路而精神之奮迅欲爭千古尤爭一息月天下事弱
者居困而強者任劇任劇乃可居困也湯則摩厲以須不俟以一
新矜為創獲而智勇之圖功歷日甚短歷心彌長進觀日新又新
（对○勝○）
而湯之蹟自新以立新民之則者不已隨時加厲乎
況着而味亦湛焉不厭原評
劈頭日新之一領起日日又日了義文能從此運意華華鍊則絕

考卷小題辨香　刻入　大學

考卷小題辨香　刻入　大學

類玉茗堂小品鄧太初

一

荀日新

羅

又日新

廣東陵學院歲入
翁源縣學第三　嚴安

商王懼新之有間、復與日而加勵焉、夫斷新于日、亦云無間矣、又從而新之者何也、湯若曰、稍息則間新之功猶未全也、且甚哉自新之難也、有不容自已之功、尤貴有不容或已之念、蓋功既無時而有已、而必則尤慮其或已、（便取又字）所以古之聖王、必惕然於須臾之厭倦、而銘為有永也、湯之自新、既由一日而日日、是其功為已續矣、然自以為能續、則必有絕而不續者、不更加之策勵、恐其偶間焉而不自知也、（原評是就日日新有時加警）抑其力為有常矣、然自以為有常、則已有暫而不常者、非時切夫提撕、恐其斷續焉而不自覺也、（便是又日精神非在日日之後）乃湯則異是、一若

（從心聲心上剔盡出又字夾筆陣逸誠忠）

功不能繼而作輟之有時也一若力不能勝而勤怠之相參也一
若私有忽蔽而遏之將不能決也一若理有忽蔽而察之或不能
明也於是皇皇焉而若懼勉勉焉而加勵也復繼之曰又日新彼
蓋見夫人心之不可隱伏也雖務去之而猶未盡也必也繼之于（人心立柱）（夾又字）
一日者復繼之于終身既不使一時之有間而後釋又惟恐一時（眾評精日句醒又下）
之有間而不敢釋也振其力而不懈務使吾之新亦如川之流而
不舍焉耳亦惟是道心之涉可倖存也雖永圖之慮猶或疎也必（道心立柱）
也矣之於一日者即矣之于終身既不使一念之或息而後安又
惟恐一念之或息而愈難安也齊其功以有成務使吾之新亦如

[湯之盤銘曰苟日新日日新]又日新（大學） 嚴安

天之行而不止焉耳蓋鼓其氣者存乎志𠃌能益奮氣自不阻於
中衰程其功者視乎心𠃌苟益勤功乃不隳於末路夫必如是以
新之而後日𠃌之新始常如其一日也湯之自新如是洵可立新
民之本矣

原評惟能又日新[illegible]

語錯警拔

原評并綴到前日新句見得原自一串工夫

就自新者心上刻畫出他惟恐不新念頭總是又字真面目所
謂精神整頓者是也講章將終字分貼本句試想自新豈得有
終時此作得之　陳一函先生原評

刻意摹出重新振刷一段真精神又字畀常醒露自來膚淺語
陳因語偶欵撻膚語一切都無着處　黄孝存

礁是又日新上句要扶同挪借不去

黄儒醇

苟日新日日新又日新

乙未會試　元　嚴福

商王自新以新民其功有與日俱進者焉夫自新者新民之本也由日新而遞推之日無盡新亦與之無盡矣傳者所以備述其自警之辭歟且夫世風與主德本息息相通者也然而世風之變化在百年故王治之盛也必優游漸漬以觀其效主德之汙隆在一心故聖敬之躋也必振興濟勵交致其功此其動惕之懷固有與天運並深于靡盡者爾試觀湯之盤銘秉恒性以綏猷夙凜風愆于宥密而精神所專屬者覺畢生之策勵未足竟其修能而頃刻之怠荒已足隳其德業也振全神以與時會相循環何在可忘匪

脩之念本建中以垂裕久悞遠道于宮庭而意計所獨深若覺片
時之精勤未足為功于心性而崇朝之頹惰已足貽累于清明也
剝滑蝕骨
奮全力以與歲時相往復在在胥徵昧爽之神湯以為好逸惡勞
之念任之則安于怠策之則即于勤新所為難于始也撫韶光之
苟日
易逝而猝發其靈明斯當境之瑕疵可去蓋時不可失而有基勿
壞矣銘之曰苟日新厥常好異之情初念毎銳以相取轉瞬遂淡
日日
以相遭新所以難為繼也覩晦明之遞嬗而常惺其衷懷斯前後
字字切心際理
之操持益固蓋遜志時敏而學有緝熙矣銘之曰日日新始勤終
怠之意自恃深則功易弛于末路自勵切則志彌振于後衰新所

[湯之盤銘曰] 苟日新日日新又日新（大學）　嚴福

為慎厥終也感時序之迭更而復提其真宰斯百世之精進無窮
盂慎修思永而道積厥躬矣銘之曰又日新氣化之推遷無定而
毅然自治之衷守故我而無能再振則功已疏也湯之新正有取（風行也遒）
其無定者焉六化有乘除則片念皆載黽皇之志而日之變而不
居者即其新之進而不已者也所以因循為念積歲月而周功奮（切無定）
勵為懷閱旦明而必變則本健行以為繼離之照舉世自慈見其（心本卓）
心天道之旋轉有常而澄然不昧之體經異候而不克永貞則心
已間也湯之新實能法其有常者焉運行有恆度則寸陰總無間
豫之時而日之往而復來者即其新之純而不雜者也所以潔新（智有定）

考旦夕無殊直可接日而計適往者寢興罔間不啻併日而營則由遂齋以彰顯若之觀奕代猶共明其意湯之自新以新民者有如此。

醞釀深醇精神健渾義稟典型詞堅金石

苟日新　嚴

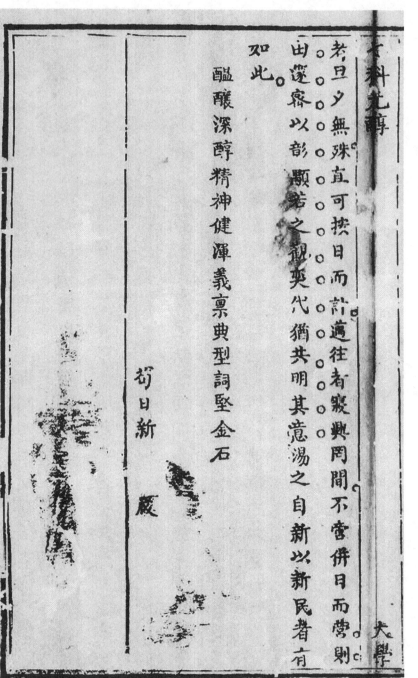

日日新

程學院科取興化府嚴燦有[illegible]
學一等第二名廩

商王之自新日以繼日也蓋日不一日則新亦不一新銘曰日日新
功之無間於其繼也有如是今夫具奮發之氣者在鼓其初心而斂
不息之學者常壓于輸念則知夫古聖王之自新其繼起固亦有功
爲如湯之銘盤既曰苟日新已從未新以言新則明昧之辨也昧而
初開固謂其已明而能保其無復有昧之期乎從已新以言新則又
繼續之分也絕而復續亦不可謂非續然固已關此一絕之隙矣則
健行者既已日而復日而自新者亦當新而益新於是復銘之曰日
日新夫日其屢遷者也無從而溯其爲始之之日則亦無從而溯其

為繼之之日彼新之者果能日以繼日則亦不必存始之見矣惟與
屢遷者同其運行而日新一日焉耳抑日其有恒者也何日而非始
之之日則亦何日而非繼之之日彼新之者果能日以繼日則亦時
惕乎始之念矣惟與有恒者同其貞明而日新一日焉耳蓋新于未
新之日有二境而新于已新之日惟一境境之異者恒足以震而竟
之常者多乘以形此繼之之功所以較難于其始當日克其難以使
新境之不迷焉耳新于未新之日有二機而新于已新之日惟一機
機之判者恒難以作動而機之熟者又足以相引此繼之之功一似
較易于其始還日依其易以使新機之不滯焉耳不遹酒而聲色

貨利斷不以其既滌也而復染之則日日而不懈于懋昭制事制心而吾礼吾義斷不以其旋光也而復晦之則日日而面稽于昧爽偕勇日奮而日起寧僅駿厲于崇朝危懔日凜而日嚴自爾丕釐于後且終銘之以又日新則知其自新為已極矣其斯為新民之本乎

原評警遒勁

程學院太宗師原評

日日新　嚴

新拔生峭

第三十冊　卷九十

發強剛毅

康熙庚子　李杜詩

義之所分流者、亦生知之所不遺也、蓋義一而已、流而為發強、為剛毅、不可以見至聖之小德哉、今夫至聖君臨天下既曰仁育亦必曰義正顧渾而言之則概以為義、分而言之乾健之用有愈祈（般卸偏爾淵潤理）而愈精者焉、試由寬裕溫柔思之、異乎火之猛又恐同乎水之懦（題所難）是以剛紀四方不惟其綠而惟其競合乎陽之舒又恐違乎陰之歛、是以整飭萬幾不貴其弛而貴其張、以其能爭天下之先而未（先說本義洗發唯）嘗遲回而不決是所謂發也、一事之來未著其跡而已露其幾不（是發）發則其幾過矣未定其謀而預集其勢不發則其勢隳矣至聖當

（時人至聖分上說發）

此雖前無所因後無所待而雷厲風行之象沛乎其莫禦焉既非輕發而僨事亦非重發而喪功其斯為天授之渟興乎以其能任天下之重而未嘗退托而不前是所謂強也一事之來怯者不勝而勇者勝之不強則其氣餒矣勇者不勝而大勇勝之不強則其理屈矣至聖嘗此雖力有所紛時有所挫而遺鉅投艱之責浩然其一往焉既詠以強禦而指尤寔能自強而獨立其斯以為性分之堅定乎天下事有常變而心無常變此剛之所以不屈也使為利所誘則發于始而奪于終矣使為害所惕則強于外而撓于中矣至聖非必有去私之勞而天德之卓然者自常伸于萬物之上

（收到生知）

（唯是強）

（即承上而字指出精審）

（確矣渊）

人即謹其嗜好以求進于剛而豈如乾道之粹精也歟天下事有久暫而心無久暫此毅之所以不息也使非濟之以忍則能發而不能收矣使非持之以恆則先強而後必弱矣至聖非必有慎終之慮而德性之純然者自能及乎必世而遙人雖振于未路以求全夫毅而豈如聖人之久道也歟當機則發自勝則強無欲則剛致遠則毅而統于聖心莫非義之盡發則能創強以承之剛則能斷毅以貞之而達於萬事亦如川之流此至聖之足以有執而庶續咸熙也哉

（補是毅）

（又是一承遞法精密）

理精與筆妙兼之他人得其一已足名家　侯秉衡

本朝小題文清華集　中庸

四分之各有至義。此乃功同箋疏矣。沉博之中。時露新穎。才士

說理之文。定不同乎學究。剛即發強之體。毅又是發強之所

以不息者。道遠不在任重外也。下二字從上指出。密矣。亦處

處照管生知湯及。

發強剛　李

發強剛毅　二句　　庚子　吳煒

裕其義之德者足以制事而有餘矣夫發強剛毅義之德也而足以有執如是非有以裕乎其原哉嘗思制天下之事柔且弱者不勝果而確者無難蓋非于外爭不撓之氣而惟于心爭不屈之理則中有真宰而不雜于他岐事有定守而不移于外鶩也吾于至聖之臨天下有容之德固不足以盡之矣仁育之中有其義正全其心于天行之德而神明有以自固斯絕其欲于人為之雜而物類不能相撓溫潤之中有其斷制植其體于不拔之基而性命有以自主斷違其用與重遠之務而常勞有以自持吾見

勘題精細

四字直從源頭抉出

無不奮强則無不勝始事之幾而有莫遏之勢（精確不刊）一物之交力之用剛則能有為毅則能有守本體堅而嗜欲不可屈撓持久而始終不可渝其足以有執有固然者極萬幾紛紜之數百出而嘗我而此中之精力不足以歆朋從之誘將二三之念起而學問經術不能自依其委靡至聖之發强剛毅操于中者有一定應于（足以二字直能挾出精與來）外者無遷移蓋其靜足以制天下之動而不紛于動一足以貞天下之萬而不淆于萬也極艱難倉卒之會百出而撼我而此中之裁斷不足以鎮危微之介將躁急之患生而操縱張弛不能自定其指至聖之發强剛毅決于內者有是乎者無迎距盖

事物變化推移而吾心自足以撓其權將有順逆利害而吾
心自足以安其止也事于有為者氣矜之隆不勝其浮動之意執
動氣沮餒石
若夫義理之勇常伸于萬物之上而不撓以見奮之端勉于明作
者察制之私不勝其內訟之患執若夫性情之健常禀于形氣之
所自共其不易之理一此至聖義之德有如此者
堅光發越直透顛間來乃可追人中陶菴近今罕見其匹足以
二字止就足以待用言不說到用上更見詮題精細

發强剛毅足以有執也　己亥　吳煒

裕其義之德者足以制事而有餘矣夫發强剛毅義之德也而足以有執如是非有以裕乎其原哉嘗思制天下之事柔且弱者不勝果而確者無難蓋非於外爭不撓之氣而惟於心爭不屈之理（勘題精細）則中有真宰而不離於他岐事有定守而不移於外騖也吾於至聖之臨天下有容之德固不足以盡之矣化育之中有其義正全（發强剛毅四字直從源頭洗出全理俱振）其心於天行之德而神明有以自固斯絕其欲於人為之雜而物類不能相撓溫潤之中有其斷制植其體於不拔之基而性命有以自主斯達其用於重遠之務而常變有以自持吾見其心

無不奮強則無不勝始事之幾而有莫遏之勢一物之交而有全（精確不刊）
力之用剛則能有為毅則能有守本體堅而嗜欲不可屈撓持久
而始終不可渝其足以有執有固然者極萬幾紛紜之數百出而（萍淵而來力能扞萬氣）
嘗試而此中之精力不足以歛朋從之擾將二三之念起而學問（足吞牛）
經綸不能自作其委靡至聖之發強剛毅操於中者有一定應於（足以二字直能抉出精[illegible]）
外者無遷移蓋其靜足以制天下之動而不紛於動一足以貞天
下之萬而不淆於萬也極艱難倉卒之會百出而撼我而此中之
裁斷不足以鎮危疑之介將躁急之患生而操縱張弛不能自定
其指歸至聖之發強剛毅決於內者有是非因乎外者無迎距蓋

事物有變化推移而吾心自足以握其權時勢有順逆利害而吾心自以安其止也喜於有為者氣矜之隆不勝其浮動之意孰若夫義理之勇常伸於萬物之上而不授以見奪之端勉於明作者牽制之私不勝其內怯之患孰若夫性情之健常稟於形氣之中而自具其不易之理此至聖義之德有如此者

直從上四字疏出所以有執來精光呈露力透重圍理致中真銅墻鐵壁矣

純是精力凝結一氣揮洒直有拔地倚天之勢　左未生

擬高古之骨發堅栗之光逼真商彝周鼎非近時寶玩　田起莘

吳覲陽時文

遂字鏤刻無餘精思毅力沉入而顯出之可謂神勇　汪禮北

發强剛毅

季考同安縣
童生十一名林玉振

至聖義之德備舉之而可見也夫有仁必有義發強剛毅非至聖孰克有此且吾嘗曠觀於天地之化何以一往而莫禦直遂而不撓也何以體立於不可屈用行於不可窮也不禁喟然嘆曰此其如川之流者乎乃備舉而形諸一人之德而覺其制乎心而宜乎事者統之一心而無所不具亦措之天下而無所不通也試由至聖仁之德而更觀其義之德焉一元之氣春溫繼以秋肅故嘗以資始發萬物之生而即以各正遂萬物之性一心之德寬仁出以果斷故常以大度包天下之荒而即以裁制決天下之事則吾見

其發焉無為者淡定之神而有為者奮迅之氣聖天子在上一日二日惟萬幾焉惟此勇往之精神以與事物相維繫明作以開其先其意彌銳大力以持其後其氣常伸具天縱之姿而發而能求較之常人而倍速者矣抑又見其強焉不競者從容之度而執競有堅忍之守聖天子肯出敬勝義勝無委靡焉惟本此強幹之志氣以與事物相終始遺以大而投以艱有力者能勝任其重而致其遠果確焉無難秉生安之詣而強立不返較之他人而倍勇者矣柔危而剛勝者君子之道也至聖心具天德之純而直養者其性道義者其任浩然者其氣充塞者其體任事變之紛紜而確乎

其不可拔焉何剛如之嚴、毅而武毅者君子之德也至聖心符天行之健而流行者其用不息者其機循環者其運無間者其神任時勢之所難而有悠然其不敝者何毅如之若是者制之於中而經權常變統之一心而悉備見之於事而神明化裁措之天下而咸宜至聖義之德如此而謂不足以有執耶

應開講

詮發諦當力可扛鼎

發強剛　林

發強剛毅　庚申

郭　植

析舉至聖之義德、亦生知所自具也、蓋發强剛毅、皆義德也、至聖彼悉備焉、詎獨以仁著哉、嘗思長厚之過、流爲葸懦、漸成撓屈、賢者不免也、而特不可以語巽而健之至人、蓋至人英姿卓絕、既涵一心之巽而無所乖、即必極一心之健而無所靡、緼性體之森嚴、知不僅以氣度勝人矣、吾得繼寬裕溫柔而言至聖之義德、今夫氣之不鼓而前也、氣之怯爲之、而氣所從怯、則理之虛爲之也、緣理之虛成氣之怯、雖有時觸以可喜、動以可愕、亦未必不慷慨而激昂然振奮廼於人爲、而其氣終弗聚、而若義從天錫者、則其能發矣、躍如者神造於

（從仁折落義矯如鷹隼出風塵）

（柳州刻峭得之）

（運遶見真乃題無堅壘）

盧匯機之張而迅而欲往浡然者（洞胸達腋）象麗於實匯萌之達而鬱而欲伸
蓋輕發固所不形而激發亦所不事也是之謂至聖之發今夫力之
不雄而卻也力之弱為之而力所從弱則志之餒為之也緣志之餒
形力之弱雖有時假之以權資之以勢亦未必不挺立而不回然矯
厲非出性生而其力終弗壯而若義從天授者則真能強矣守其見
所獨是（磨礲去圭角浸潤著光精）前不聽顧後不遲回植其意於靡他彼不游移此不震撼蓋
非不當強而強亦並非當強而不強也是之謂至聖之強至若本陽
明（分立兩層方顯出至聖身分）德而凝為金石之節者非剛乎貌似剛而不得為剛者剛與慾
相反也質本剛而更有濟乎剛者剛藉柔相克也剛同而所以剛不

同孰則為義中分見之剛惟夫至聖浩然者配大而稱其至欲折而無可折體則常堅屹然者同勇而異其名欲摧而無可摧性則備固

只言章大註云剛者勇之體

千金不能易一字

蓋負理之剛與負氣之剛異天德之剛與天姿之剛更異也而誰不服乎至聖之剛至若本永貞之德而運為綿遠之操者非毅乎毅有

如辨毫與釐

與弘同警者知毅之可造以學也毅有祇與仁相近者知毅之僅固於質也毅同而所以毅不同孰則為義中分見之毅惟夫至聖才以神運不必嚴絕續之介而能始者能終力以意周何嘗晝久遠之程

誰解說到此想從白鹿洞中來耶

而不貳者不已蓋學力之毅與天性之毅分勞逸有恒之毅與無息之毅判崇卑也而誰不服乎至聖之毅此蓋與寬裕溫柔同為生知

所自具者也。然吾更有以觀至聖矣。

樹一義山立。落一字石堅。妥帖力排奡。晴明出稜角。只恐仙官勅六丁雷電下取將也。陳星齋先生

銅墻鐵壁。胡思泉功深養到。乃臻斯境。沈確士

文心則剝蕉抽繭。文境則切玉分犀。王充論衡謂居不幽。思不至。思不至。筆不利。似此精深刻透。故是靜悟有得。當與游楊諸儒語録中分踞一席。張翼庭

密以栗。勁而流。接武正嘉。詎同魯鼎之贗。劉次坪

發強剛毅

張對墀

至聖之義有可歷舉者焉甚矣臨天下不可無義也然孰有如至聖之發強剛毅乎故言臨必次及之且利為義之和其理固統于仁也義之名可以不立義之用抑又不必分矣然天下惟至和者為至嚴而況大君之宜又幾微不可假借者則雖不必藉勢憑權以自示其威猛而神武不殺更令人如見聰明睿知之聖也物莫不有其氣氣之蘊也無可象而有觸偶動遂有油然日生之機然或持之者未滿則一往而無餘赴之者未舒則驟施而不達無他客氣易盡不如義氣之銳也以觀至聖莫為之引其前而驟焉以

同游四書文 中庸

發字內兼此二義方盡

起莫為之推其後而渟焉以興其奮迅也無窮而其推施也復有
漸此何如其氣者乎夫雷之奮也順以動木之生也積以高氣之

妙證

難過者莫是過焉至聖亦如是已矣夫是之謂發物莫不有其力
力之舍也無可憑而一日能用遂有矯然莫當之勢然或舉之者
有擇則避重而就輕任之者未勝則勇小而怯大無他物力易竭
不如義力之優也以觀至聖引鉅大以自處而神無弗堪即方寸

確是發

發字兼此二義更確

為仔肩而勇尚可賈其勝人也不流而其自勝也復不倚此何如
其力者乎夫行之健也無不包載之持也而不重力之難量者莫
是過焉至聖亦如是已矣夫是之謂發物雖至靡未有不欲自伸

者然無事而伸有事而屈不必其柔靡莫何也梗概者猶或苦之至聖則以義為體而私慾不得以相參其堅貞異於尋常故天下（確是剛）莫能破其鍛鍊極乎純粹故百折而不回蓋不特無柔靡之虞而（無一字游移）去其蔽而不至于狂者亦全其鋒而不患于折宇宙之不可屈撓者莫是過也夫乾之龍也猛在首坤之馬也德至方幾疑其體之（妙証）莫與爭衡豈知至聖固實與同體耶夫是之謂剛物雖至疲未有不欲自遂者然淺嘗而遂深嘗而衰不必其退讓鮮終也遵道者猶或廢焉至聖則以義為用而作輟未嘗以相乘其從容行所無（確是毅）事故運之可不勞其黽勉圖惟厥終故華之無不固蓋不特無退

陵之患而遠兼重而善持其弘者亦倜兼瑟而不替其武天下之能為堅忍者莫是過也夫確然示人者德恒易隤然示人者德恒簡幾疑其用之莫與媲美豈知至聖固寔與同用耶夫是之謂毅

誰解如此運用　妙証

無微不入無美不臻　儲六雅

意如泉湧詞勝金相布纖濃分蹤密霞舒雲卷無所間然誰謂師宜懸帳之奇罕有遺跡耶　李立侯

發強剛毅

李考同安縣
童生二名 黃允恭

至聖蘊義之德天下之大勇也蓋義行健而不息者也至聖有發強剛毅之德非天下之大勇而何今夫人苟非稟乾健之德以生則其於中者已靡而不可問矣安見浩氣之常伸而大力之獨運哉惟神勇之聖人乾健本於性成其英銳不可遏者其果敢亦不可當其堅卓不可撓者其貞固亦不可奪非必有心於表暴而浩氣大力之蘊涵不令人一望而易盡也至聖豈僅有仁之德已哉則見其浩乎一往無前而物不得而阻者非發乎從來因循之不可赳幾也天下事奮迅者常捷得而有功退避者每依違而

鮮獲綱常名教之所關皆怠惰不振者有以誤之也而至聖則不

發字透闢

然英敏居天下之先任艱鉅之雜投而志氣自見其策勵也銳往立萬物之上隨機宜家互乘而才情自見其踴躍也鼓風雷之厲

想亦是持滿欲發

而精神持滿賈而有餘非雄邁出於天成烏能奮發有為若是哉則見其矯矯然勇敢自持而物不得而攖者非强乎從来懦弱之不可圖功也天下事壯往者每俄頃而奏績畏懼者常稽遲而罔功經權常變之紛来皆精力衰鈍者有以敗之也而至聖則不然

確是强

才大者物自小雖天下猝然臨之而中懷不見其或餒也力厚者思自深雖天下無故加之而中情不見其或怵也持健行之操而

不息自强貞而有秉非猛、然本於天性焉見大力能勝若是哉若夫小心自慎平居無忤物之色而當大故而不搖者則至聖之剛焉是非可否至聖凜之甚嚴者亦衆人平時所能見及者也乃反覆而卒不屈者惟其剛耳自反則見其常縮直養則見其無害配義與道幾微必本於心之所安而不欺其學問者自不喪其神明也蓋嗜欲攻取屏之盡則物不能誘端方果確秉之堅則私不能移夫豈矯強鎮物者之所能同也歟若夫盛德日新功脩無間漸之隙而歷恆久而有常者則至聖之毅焉險阻憂虞他人視為甚艱者亦至聖當之而覺其難堪者也乃閱歷而卒不變者惟其毅

精快似震川

耳藏脩不懈於一日持守常惕於百年任重道遠幾微不敢有浮

（明當）

（天半光氣非常）

動之意而不衰於末路者自不發於半塗也蓋紛華靡麗斥之嚴

則性自能忍精明强固操之熟則力無所渝夫豈勉强為功者之

所可擬也歟其斯為天下之大勇乎而況乎又有禮知之德也

精闢沉雄如顏魯公書法力透紙背

蕭錫剛　黃

李廣

發強剛毅

劉太尊會課一名 黃允肅 元靜

之義德析言之而見焉夫發強剛毅皆義德之分見也何非至聖能如是哉且仁育天下者未有不義正天下也顧義爲天德而協乎天行之健則其全體之不息者皆其分流而並著者也夫然而至聖之義德可析而言矣其一曰發豪傑之趣非挾功亦可自振一時而有激而興無激而發君子謂其發非真發也若聖心之發則從精神中出矣思不必有所啟而油然以起不崇朝而自奮氣不必有所鼓而勃然以動無憑藉而亦興人見其挺絕之鋭也不知宵寤之間有從時而作其觀者而機爲莫禦已其一曰強志士之懷既直前

亦可自矜一往而有倚而勇無倚而怯君子謂其強（強強字確切）非真強也若聖心之強則從德性中來矣前不必有所助而志以帥氣常覺吾力之有餘後不必有所翼而已以勝物常覺吾力之無不足人見其圖功之勇也不知神明之內有先事而振其勇者而氣無中餒也若夫以正大之體充塞於天地之間則剛（剛剛字確切）名焉剛者絕乎慾之謂也聖人心本無慾而其靜也專寂感不能為之紛其動也直萬變不能為之撓蓋無所徙於外者自無所屈於物不必有意求伸而本體之充不且而常伸也哉至於以堅貞之操力持於始終之介則毅見焉毅（毅毅字確切）者勝乎私之謂也聖人心本無私而守諸一日終身不渝乎其案條

才一息百年不改乎其常益無所撼於中者自無所間於境不必有
以而介石之節不且凝然而可久也哉此皆義德之分見也以
云有執誠足以有執也

原評

發強剛毅　二句　藍綿琛

惟至聖有足以執之德全乎義者也夫發強剛毅義之德也至聖生而具之所以有執者不足於性中哉且一人君臨天下而萬幾待理焉設以保天下剛有餘而以持天下或不足事搖於外神挫於中天下且有議王象之委靡者矣故夫臨天下未有不貴於有執者也雖（使所以不足執兩路夾勸托出至）然執豈中材之主之所能哉性不足以鼓天下之動而多私則擾多（聖其身）欲則柔能毅飾直方安所恃為執持之本德不足以貞天下之變而任才則驕任氣則浮縱自喜英斷安所恃為執守之原此有執之所（一一醒）以往往而鮮也惟天生至聖即以其足以有執者生而畀之何以畀

將發強四字分發四比納起下句高手
之曰義義之用以奮發直前者當天下之會而開其先人主將執要
以決幾則取之而至聖之渾然在中者獨浩然而直達天之所發人
發字不蒙混
不得而禦焉性之所發情不得而抑焉蓋當幾勇往猶在後日而先
足以有執意已透
幾迅動已在王心矣義之制以強固不移者定天下之中而守其正
人主將執一以御勢則主之而至聖之浩然直達者且矯然而自勝
強字不蒙混
強而不倚中以立焉強而不拔果以確焉蓋投艱弗懼猶在當宁而
剛字不蒙混
凝固有力先衣宸衷矣且義之體主剛剛故不屈於慾不屈於慾故
能超萬物之中而伸乎其上夫天下之大利大害以柔脆之人當之
又透執字
未有不萎然而漸喪者蓋剛不足則執亦不足也事非剛不斷氣非

剛必餒而至聖之剛且於性中具之矣義之神主毅毅故能致遠致

毅毋人毅浪

遠故能持萬事之始而要其有終夫百年之志氣精神以浮薄之人

用之未有不頹然而中靡者蓋毅不足則執亦不足也力非毅不貞

說入集餘是　一華無住高手

心非毅必息而至聖之毅又於性中成之矣此則德之足以有執者

也此則儒主之所不足英主之所不足而至聖獨足者也嗚呼至矣

眼底無此蒙翳筆下無此影附堅卓精光命局又極高老真宿將

也林九逵

發憤忘食 二句

王榕

自道其所忘真聖人之自道也夫憤樂人之常也忘食忘憂憤樂之常也聖人亦若是而已其言曰今人有作繆巧斯不可知若其意念所鍾之處豈有不較然者哉猶之為人耳未可以為人能無憤乎適如其為人能無樂乎豈真謂理之所生實有如是之名理應憤應樂足以感我而使之憤而但覺性之所近原未如是之至性極憤極樂使我油然而不能已則是有一日焉天地萬物俱若有振興之象是其憤時耶初不知何感而奮其神也而食忘之（妙）則即此一日焉咏歌嗟嘆未足窮宛藉之歡是其樂時耶亦不知何緣而忽開其豫也而

憂忘之一念此未發乎後此已發乎獨此鬱而將發之候恍若告之以
恝悔我自思之人世可憂之境宜莫甚于此矣區區世味不足以動
轉入樂字
之矣而孰知樂之即與我遊也未發誰憤乎已發又誰憤乎極此一
從莫樂之勢至可暢之以澹忘我自思之人世可樂之境亦莫甚于
照頭憤字　重此給
此矣紛紛世境不足以分之矣而乃知憂之不足為我累也而奚不
妙
接出上文
以其忘食之憤一快言之也人惟鬱之深隱始可愁為獨愉耳業已
發矣人情開鬱之致此亦我之不能自發者也而能為以愁乎而奚
不以其忘憂之樂為曲證之也人惟忘之後昔未易融以語人耳我
則樂以胸中灑落之趣此亦我所追發自寫者也而不為人道盡

發憤忘食樂以忘憂

錢塘　王士俊

憤樂有獨摯者、聖人亦學中人也、夫憤與樂情有獨摯則其他不暇及矣、于豈誠善忘人歟嘗謂學人之情淡而其實情之深者推學人何則學中有情學外無情也學中有情則神明之定無隙地使自刻摯必不能更闢一地以相居學外無情則物緣之感無他途必不能更易一途以相引此際之意境我所自知亦不妨索解人于局外耳亦不嘗見我之為人乎精神之淬厲生于一念而本此一念以相需非直自取病也以危事數嘗而不覺其殆猶欲遊而致之在旁觀者未嘗不嫌其太迫而不知此時此情何以縈諸夢寐而不

論語

解神志之恬怡。亦生于一念。而本此一念以相睨。亦非獨自得也。以美好自耽。而不知所出。猶欲進而取之。在旁觀者亦未嘗不嫌其易。蓋而不知此時此情。何以艷諸性情而不窮。是則所謂憤與樂也。女不嘗見我有忘食時乎。女不嘗見我忘憂時乎。蓋非殉于相索。必不能入而會。精非篤于相嗜。必不能進而達。妙。今夫學問之境。初不限吾以博取。其亦可徐徐而至乎。而當其憤時。則事有所反。蓋感激在世事。則其力以漸而減。震動在天懷。則其力以漸而增。明明意中有所欲得之一物。而恨不在我。則不惜迂其境焉以取之。取之而非可猝至也。則不得不以中之辛苦。起而相易。然當其時亦殊不覺耳意在急投則神先自昧因我所貪戚吾所慼也問憤之外更有何物焉足以易之者歟則忘食矣抑快心之事勢亦有難于盡取其亦可稱量而止乎而當其樂時則事固相反蓋餉我以世情則其味以漸而淡飫獲于天性則其味以漸而濃乎昔有所甚羨之一物而忽焉在我則不禁盡其意焉以珍之珍之而正多愜撻也則更味其從前之刻厲進而不倦然當其時亦殊不覺耳得之者難則愛之者重因我所苦戚我所甘也問樂之外更有何物焉足以移之者歟則忘憂矣且方寸之地一有所疎則物皆得迭爭于其所憤樂云者心體本廣而以臨用之自臨其

數文書院會課　發憤二句　王二　論語

敷文書院會課　發憤（六）　王二　論語

基即謹固其局也危苦中之天良常淨則物情無馳足之鄉愉快中之境地常深則外感無相侵之患而念相尋而其他皆無所緣而處此非距之不納縱格之亦不來耳抑致功之地一有所間則情皆得交亂于其所憤樂云者事勢本寬而以急用之內奪其途即外塞其徑也出功名于困躓之餘則其力以困而得專尋樂事于貧心之境則其情以淡而不厭兩念互馳而其他皆不得路而進此非卻之不來即誘之亦不至耳要之吾人決無息緩之學使終日優游則此生終為事外之輩聖賢亦無槁寂之功使終身困頓則此生安得有適意之時我亦惟于茲二者終身焉而已

忘字要合刻

直心孤詣剖毫芒而入風雲
沉鬱之思出以刻摯之筆比似先輩劉同人作不啻桓宣武之
于劉太尉也

明清科考墨卷集

第三十冊　卷九十

發憤忘食　三句　　庚午順天　王敬業

聖人老於學似人所易及也夫憤樂至而老不知子之聖也子則曰此吾之學也云爾且人未有置身於學而不相引於無息者也蓋未得之境迫以所難安而已至之程欣於所克赴凝其神以永其趣久矣與吾徒共失以終身而或者猶不能無疑焉今且望女（由後進前放光頂上）之明其為人也當前之去日苦多而假年學易敢因既髦而息肩前此之歲月甚長而好古敏求竊幸方剛之弗棄女且謂子云何也和順於道德而日用俱恬涵泳乎義蘊而憧擾胥靜一息可要（高一層勝入）諸百年于固有志而未遠一蹶不復振而溺情于晏安內驗無足

娛而後忘于世故百年不克用其一月予竊恥之而不為故饜飫
○下一層覷入
於道味以屏置夫世味樂至或飲食之不知而予則迫於所憤而
○觸○手○縈○迴○絶○無○粘○滯
精神之悉聚迫至遯斂有獲優游於俯仰之寬而迴思飢渴之春
秋已潛逝而不覺困阨於理境非可求解於世境憤至或憂虞之
順受而予獨注於所樂而紛紜之盡祛蓋自艱苦倍嘗哉迫於精
狎之瘁而忽得懽欣之晨夕愈鼓舞而靡窮今哉老矣忽憤忽樂
○後○蓬○爽○爽○有○神
進修之況味彌新忘食忘憂玩狎之流光幸免女且謂予云何也
從來奮勉在沖幼而從容在暮年乃予之樂不自今日始予之憤
○俯○仰○低○徊○心○欲○絶
不自今日止吾生有涯而學無涯自溯生平半為憂勤之朝夕半

為踴躍之舄諸㦏有志而歌有懐聊以盡化日之舒長而寧嗟遲暮耶從來有日進之詣力則有日進之鼓歌乃于則憤至而不敢稍從其程樂至而不敢稍數其志吾身雖衰而學不衰周旋函丈時而韋編之數絕時而陶咏之自如內愈重則外愈輕亦甚惜有限之光陰而何時自逸耶吾之為吾云爾已矣而女何不共明其為人也

得全體至極矣妙

摩娑宛轉意味深長三句不截開更合先輩是題之法

發憤忘　王

明清科考墨卷集

第三十冊 卷九十

發憤忘食　二句

王經邦

即憤樂以言學，聖人之真出矣。夫爲憤爲樂，學中必有之境也，而忘食忘憂，不于是而得聖人之真哉。且吾人學問之境，上焉自諭耳，而必以其中甘苦之途，一一爲人諭也，蓋亦淺矣。然吾不期有以諭人，而返之吾衷，又覺其歷歷可以共諭者，則勿謂此中之甘苦遂難爲學外人道也。女奚不以（容與有變）吾之爲人爲葉公語乎。窮年嘯歌詩書而外，何與吾事，所不可已者惟此性命之謀。望道欲見，刪定之餘，竊自期許，所必欲至者惟此聖賢之域。故吾始而有憤之一候也，風雅之遺編，帝王之積纂，其爲天地民物之寄，包舉正自

王維王稿　論

無窮吾嘗見他人閱歷之時第一為研求而其理已得吾何為而
憤字說得有來由
獨茫然也蓋不勝其憤矣載記甚富而精專之下不覺自忘其愚
耳目已竭而銳進之力不覺倍生其勇非惟甘旨和羹之味不悅
于口而淡焉漠焉雖舉日用閒必需之飲亦覺不係于懷也吾忘
食矣蓋自憤而已然矣吾既而有樂之一候也匡居之鼓歌夙夜
之感觸其為身心日用之係攜取本自無盡吾竊憶吾自刻勵以
樂字見得親切
來晉幾經積力而其意無餘今何幸而得有獲也蓋不勝其樂矣
有如逢其故之致而向者之疑義恍然以釋有如遇其新之機而
向者之迷途怡然以解非惟人世紛紜之交不役于心而鼓之舞

之雖衆耳目前拂逆之遭亦覺潛釋于懷也吾忘憂矣盍自樂而已然矣憤為樂之始進而當其憤則猶未知有樂極人所已至之（確是此中的）境皆為吾所未至之艱既異其必得又慮其不得中懷鬱結有不（真境界）如是而不已者此意可令人想見也樂為憤之轉機而當其樂則（刻劃）已大異乎憤極人所未歷之途皆為吾所已經之路始為之而不效今為之而忽效中情愉快有欲自禁而不能者此意可令人懸擬也發憤忘食樂以忘憂由是因憤而得樂因樂而生憤一憤一樂終其身至耄焉而不知也吾之為人亦第如此而已矣

憤樂原由處見得親切用意又復沉摯　王汶山

真能言之津津出之壺壺想從此中閲歴過来方文𨎌

發憤忘

發憤忘食 二句 其二　　朱書

聖人之於憤樂非人之所能知也夫憤與樂不相謀而食與憂不能以無間也非于自言之烏足以知其深哉若曰甚哉吾竊不解日與吾黨相對而頗不吾知也學問之所經誠憂遷而不能以自安甘苦之備嘗則專一而可以共明世固自吾黨有坐忘其人者乃吾之[illegible]急抑又甚焉今夫激烈之人多所憤逸豫之人遇所樂以吾之浩浩焉而無營心也循循焉而無佚志也俯仰自寬性命如故吾亦何所不足而急于求何所有餘而償其待意欲無而吾憤矣有一事焉吾嘗得而不能驟得也則激厲之情自生豈敢循于今而待補于後歟

未滿於所甘者非俗情所能紛也且有一境焉吾欲赴而不能即赴
也則奮勉之情更殷豈敢安於後而坐進乎前歟故專於所嗜者非
外物所能奪也吾之憤也於是發焉讓聖人以先至者必不讓聖人（遣所以發憤忘食）
（忘所解）以獨至而獨覺其孝之甚者也同衆人而俱生者不甘同衆人而俱
淺而不知吾身之尚有窮也古所謂不遑暇食者寧有殊焉如是其
憤也得毋艱苦而況瘁矣乎不知返之吾心固有愉然而樂之一時
矣乃其忽然而會心也如得吾之所本無亦如逢吾之所固有及其
渾然而無間也吾從而取之而不窮吾從而用之而不竭斯時也斯（全從休處得來）
意也吾亦若明知吾有所樂之一事而欲舉似此一事之可樂而併

未能也顧謂猶有不樂者存則天地之大又何一足以攖吾寧耶吾亦不知所以樂吾者何以有此一境而偏若安處此一境之樂而與之無涯也顧謂將移吾樂而去則萬慮之煩又何一足以滋吾擾耶此時有憂從中來者乎固未嘗有也夫世之謀食者無論已世之多憂者無論已吾固未嘗不食亦不能無憂也然徐徐忘之（忘字總然）方憤之時不期樂而樂漸生方樂之時不復憤而憤又起也則吾之憤誠無有已時吾之樂亦即無有已時也吾憤也吾其激烈之人也歟哉非也然吾之為人已異于不憤者矣吾樂也吾其逸豫之人也歟哉非也然吾之為人人異于不樂者矣而令老矣吾之何日與吾黨相對而

顧不吾知也耶。

寫憤處極警。寫樂處極微。並道得着聖人胸次。通篇側進。股法似乎零星。却自一氣貫注。不得以常格絕之。

發憤忘　朱

發憤忘食 三句　庚午順天　朱敬修

自明好學之篤有若將終身者焉夫憤樂而忘食忘憂且至於忘年焉夫子固終其身於學中耳嘗謂學者忘情非無情也學者忘（發以神解）境非無境也情有所罣注必不能更立一途以相引境有所全攝必不能別闢一地以目居故即情以驗境亦即境以驗情而吾之可自喻以喻諸人者在是矣予亦思吾之為人何如乎凡人於急欲得之物而迫求於當境殫其情神每不惜鼓其銳氣吾自忘學（妙在說得平常）以來其迫我於當境者夫豈有不力諸身者乎心以入而彌專功以勤而益奮而併神壹志常若有甘旨勿御之思凡人於意外之

境而忽得諸意中如願以償遂不覺中心之貺吾自敏求而後其忽得諸意中者夫何嘗無悅於心者乎味以咀而愈出神以曠而多怡而得意忘言若不識人世有艱危之事吾蓋憤焉樂焉忘食與忘憂而已兼其力而耆好中之則奮勵之神弗摯挹其趣而抑（反復引入末句）鬱累之則暢遂之致胇永此暫假之緣恐未可足我生平也而不知憤樂相仍每不計歲華之易邁矣淬厲而他物得以攖心則怠赴者從而中斷怡愉而外感得以營念則內舒者強而未安此易間之端恐未可要以終身也而不知憤樂相尋並不計精力之將（倒傾數）衰矣蓋名理有分注之途赴之不力亦徒消有盡之居諸吾也勵

○室○一○字○一○珠○

精以圖奚暇慕獲心之候而怡情以往亦我忘得力之槩分其程以相追即難其量以為趨而或苦或甘與年俱永者豈敢以荏苒相將稍阻其並進兼營之念抑功力有遞乘之機入之不深亦虛糜難留之歲月吾也因迹以悟其神則新機可領而尋端未窮其蘊則故轍猶存則其緒以相招即緣其機以善轉而若順若逆與

○語○盡○而○意○

時迭進者豈敢因日月已逝自聽其循環往復之修老至不知吾問終身於憤樂中矣吾子侍吾有年以吾之憤樂而日華之焉不知年歲之不足子於請業時嘗必心焉誌之而曷不以是對葉公耶○

古木平沙一往峻潔何處更有元規塵污人

發憤忘 朱

樂以忘憂

康熙癸巳　向日貞

樂以學而生憂、即以樂而忘也、夫樂者、發憤之驗、而忘憂者、樂之所自致也、子所為舉以告子路歟、且人生快心之事（兩忘俱到）、可以偉而獲也、而困心之事、則不可以偉而釋、乃功力既至之候、而快我心者、無弗得焉、而困我心者、無弗去焉、則生平之悠然自適者、既自喻、亦何難共喻也、（是對子路語）聖如我、發憤而至忘食、或者曰（反提）其憂寔甚、或者曰其不樂也寔甚、以為苦則誠苦也、而不見其苦者、乃漸覺其甘、是故刻勵深之、斯愉快隨之也、以為勞非不勞也、而不憚其勞者、乃（轉折自如）漸進于逸、是故況瘁圖之、斯怡懌將之也、當是時、陶斯詠而詠斯

切小題文叢　上論

游也非其樂乎怨不懟而尤不生也非其樂以忘憂乎此在我之（會次出題）自歷者初非必意其至此也乃勤苦久而泮奐生高深內皆快境（含不盡弊）也物累捐而天懷曠俯仰間無餘憾也諳諳焉落落焉可憂者在天下而可樂者自吾心也胡弗忘之也一即在旁觀者亦未必喻其（判剖業公）有此也乃涵泳至而逸豫生天時不得而感其外也藏修久而鼓（机趣暢遂）舞出入事不得而動其中也欣欣焉洋洋焉可樂者在吾性而可憂者任之造物也何弗忘之也一蓋樂不由于固有其形之也必不深故無端而樂隨之亦無端而憂即赴之也者我之為我自有獨（闡出精義）得其深者故始焉而自適其大久之而仍不改其致也憂從中来（怡然自領）

覺亦自幸其免也抑樂不本于心得其發之也必不真故外焉而自託嘯歌內焉而信多抑鬱也若我之為樂自有獨得其真者故樂之在外者猶易見而樂之在中者則愈無窮也我心憂傷竊亦自幸其泯也蓋我終身皆樂則我終身忘憂也我終身而忘憂則我終身愈樂也于斯時也而又何知乎老之將至也

深入一層

語語雋快

清雋者其筆淡逸者其神夷猶自在令讀者心曠神怡左筆臣

發憤忘食樂以忘憂

仁和　李光奎　玉雙

學之外無不可忘。可自明其憤樂之專也。夫學不可忘者也。心乎學矣。食與憂奚足間吾憤樂之神哉。且天下莫苦於學。亦莫甘於學。苟其浮游以處。則無以極苦之情。因而淡泊相遭。亦無以領甘之趣。惟有所以役吾心者。併力于學之中。則遂無所以分吾心者旁及于學之外。而其理衹堪獨喻。其功固可共明也。則吾之為人何如乎。業不甘為庸愚暴棄之歸。而又質邇生安。集以希蹤逸獲。則于彼于此。有鋭志以相求者。而精神意向之用。遂有所在而不暇其他。置我身于天地古今之富。而欲張皇幽渺。詎云不假研求。

則知至知終有適心以獨往者而尋常緣感之來遂陳于前而不
入吾舍女不見吾之學探焉索焉敏皇而莫可告訴者非發憤時
耶夫憤固學中不可少之境也求之迫而應之未遑則聰明或疑
（寓憤字入情）
其誤入之難而出之匪易則功力且媿其疎沉思獨造而徬徨者
其心奮迅者其氣勞苦不適者其形神縈紆鬱悶之情勃發而不
能自已則雖極吾身刻不可置之物且視為非所急需矣忘食矣
女不見吾之學怡然渙然愜適而莫可名言者非樂時耶夫樂固
學中不易得之境也名理悠然而來會則愁苦可轉為歡愉心思
（寓樂字入情）
蓄極而能通則拘攣適徹其舞蹈會心不遠而耳若加其聰目若

益其明心智若增其廖慮優游無伴之象自怡而不堪贈人則雖極天下萬不可堪之境亦以為無與吾事矣忘憂並憤與食豈必相連而及而當其一于憤固不能倦而思還樂與憂本難並域以居而況其專于樂又何能反而為用其處若忘行若遺者當時亦（語妙）忽忽其不覺而事後追思聊可自言其詣力憤與樂未嘗須設其（意更諧敍）成心而汲汲之懷偏能造無以為有食固與憂固在當前為實有而藝藝之意偏能化有以為無其瀟然忘勢焉置者旁觀亦悠悠以其會而反求內考不難曲寫其情形食可以驗吾之憤則見聖（不窮）（精警）于美憂可以徵吾之樂則不容何病而當憤樂之獨摯則固周志

之不分養心適體固相輔以為功憂世樂天亦並行而不悖而憤樂之既深則固外緣之悉謝蓋時而憤時而樂既一心而兩用矣又能有他用乎哉而吾年亦老于憤樂中矣

不急不徐層層剥入筆意疎朗如玉山上行

○○○發憤忘食樂以忘憂　吳鑄

善形聖人者亦言其情之所至而已、夫名言之無從者必其中非有深焉者耳以聖人之憤樂言之豈有難明者哉今夫人非有至情存於中而自命蹈漠是自誣也論人不明其心而曰此天下之至人吾無以測其所存是誣人也夫苟非無志之士必其有情獨往是以自見其有得而不幸背高玄之號此亦人晦之使然而君子所欲白也夫天下之人意有所求雖難通之徑亦媿而加厲焉何其憤與此不必泥深有為之人而後能憤也苟有所獲雖其至淡亦以為大適焉抑何樂與此不必天資曠逸之人而後能樂也蓋夫人而然也吾昌異焉吾蓋有得於此者矣而不足語人乎女徒見吾俯仰之間無所困詘奈何以深苦之說當之然既已為人矣即此生之大事詎堪以優游卒業焉世亦有愧悔來茲見美而悅忽爾棄捐者矣而吾非敢然也吾於人世感憤之事無不釋然而於此獨不能釋然志有所意嗜有所移固其常也方其憤從中來不自留其刻勵之若此然女思之不嘗見其有忘食時乎一女或見吾身世之故動懷悲憫交得以愉快之意加之然既已為人矣即生人之大美安所不足於我焉世亦有一事娛心情隨事遷多所傷悼者矣而吾不慮々至於人世愉悅之事一無所歷而於此中無所不歷我得既多物遇自寡固其所也方其至樂生心不自知浩落之至是然女思之不嘗見其有忘憂時乎直人有大端即得而可以概其生平者誠之至也畢肖古人

於細行多所不屑而忠孝之激發或忽然而忘生名教之無傷雖屢論極開展險而不問凡天性存焉即其人學問之所積也苟若樂任其悠悠非君子所以進業矣且事有發於中懷而可以擬諸形容者惟其真也筆墨舞蹈古人之盛業不盡傳而或傳其咨嗟不遑之苦心或傳其陶然自為歌舞咏歌之逸致凡詩書所載皆其人性情之所為作也如曰甘苦祇堪自知亦非君子所以告人矣故不知我者曰此其于天下無所不忘殆天下之淡泊人也知我者曰其中有大不忘者而後於物無不忘此天下篤寘自得之人也何嘿嘿為也

此題有語氣即不能有精義野陶兼此尤妙　楊子常

清真之氣娓娓如話此為談理家最上一乘文字不知者以平淡

大題傳文　上論　百九　　發讀二　吳鑄

目之真門外漢也。陳葯聞

說得極平常。說得極親切。寥咏恬吟。有月到天心。風來水面之趣。

每閱此等題文。如蠹魚穿故紙。若先生獨食神仙字矣。錢仁山

發憤忘食　云爾　吳苞孫

聖人自言其好學之篤若無不可告人也夫忘食忘憂以至忘年好學何篤也其爲人寧有異耶夫子告子路曰寒暑相推者天行之不息日月就將者君子之自强其爲人豈必立異以鳴高亦惟好學不倦而已矣今夫天下之理至微其爲我所得者寧有幾乎然豈可安於未得已乎則憤甚也憤者理之所由入攻其外而茫茫無以極其深也而吾憤矣游其中而冥冥無以研其幾也而吾益憤矣憤之甚將舉畢生之精神盡赴之於一旦而後安道味之嗜尚計食味之甘耶而天下之理又至顯其爲我所得者竟無幾乎抑或有恍然而得

者乎則樂甚也樂者理之所由出閑興時而闋其中有以索其隱也而吾樂矣閑興時而肆其外有以探其賾也而吾益樂矣樂之甚不啻兩間之美好盡聚之於一身以為快適味之甘尚計世味之苦耶憤之至而後樂樂之後而復憤憤樂遞嬗其蘊無窮也故旁觀者以為勞苦之歲月而獨喻者以為罷勉之居諸今日之憤較之前日而更進後日之樂較之今日而更深憤樂互根其趣無涯也故時敏者或將計日而課而遜志者非但計月而程老之將至烏乎知之其為人也如是云爾由是以從行之乎仁義之途游之乎詩書之源終吾身於憤樂中而已女奚不以此為葉公告乎

尾

文品在蔡陽曾叟間。黄曉存

追金琢玉文家寶境。儲六雅

瓊漿一合。那肸五侯鯖耶。阮亮采

發憤忘　　吳

發憤忘食

宋顧樂 玉才

食有時不暇、其憤且無已也、夫〻子豈常憤中人哉、然且數〻憤矣、則即食且數〻忘矣、告子路曰、吾人日置身學問之途而初無（通身都現）甘苦足為人言者必其閱歷淺也、然止得其甘而未得其苦者必其閱歷猶淺也、鬱極思通之候、吾生曾所熟嘗則所極不能忘者（刻露）正此甘不償苦之境也、而即此可畧得我之為人矣、人生感傳快（總有樂字）（一面在）心之舉而不欲稱其初不快心語者非善解人意中事者也性情（此句包含尤妙）何所不有正于此刻勵之際可見其天真人生轉當得意之餘而遂不觧憶其大不得意時者亦非善道其生平事者也流露何在不真正于此孤往之時不逹其至性故吾也以世情觀之無非天（八面玲瓏　出得圓相）下善忘人也而時當其發憤則忘食矣蓋吾固情一往而深焉者也一往而深則往而窮而亦深焉矣夫使窮不可通則已耳明明有可以相通之理而阻于一時阻于一事則此一時一事之激發（此情在樂前逹得語語從下句擊出）而不能已者直一刻難安之境而深奠過此一境而安能不忍此一境也則當其忍而未過而此際之一意孤行者此心何心且吾（此憤又從樂後轉來）固性一激而至焉者也一激而至則激于窮而更至焉矣夫使窮不終窮又已耳明明有窮則必變之機而又輒得之後時輒得之後事則此後時後事之蓄憤悶而無如何者直編與相習之境而

此境之過者畧半實此境之來者遠長也則當其過而復來而此際之一意求勝者此心何心此時之我意不滿于一事并覺事事

饒刻至此恐難為真宰

可恕也譬氣滿于中而更不留餘地以相納夫豈不失之偏然而憤在則亦無如何也此時之我覺憔情大減者正復世味不深也

更刻入

深心以相苦而總不與他物以得甘夫何忽改其度然而憤盛則并習為常也夫吾也半生乎憤中而予顧不見也

三句一氣讀下方渾圖還聖人全身題句是半面合下方全呆死句下便非題旨　自記

掃却一切陳言為此題別開生面玲瓏萬竅是真能鑿空而出

者用意在前後左右無一語溢于題位　吳立人
現全身于一句中鈎連拆裂譎詭化貿破碎虛空　謝箎南
他人即有知其解者筆不足以達之仍落平鈍耳夫子眞奔軼絕
塵矣　許荃識

發憤忘

發憤忘食　二句

江南林宗師科試
華亭縣學一名　周宗濂

聖人自明好學之情，於憤樂驗之焉。夫聖人亦憤樂中人耳，忘食忘憂，其情不已可驗哉。若謂事之不能告人者，必其情有不可共喻者也。夫情亦何不可共喻之有？秪此學問之事，以身歷乎其途，而情忽有所苦焉，而情忽有所甘焉，固明明有遁遷之覺，可以自喻，亦可以喻人也。女奚不言吾之為人耶？夫吾非異人之吾也，吾則以為學之中，必有未得之一候焉。女於未得時觀吾，而吾之為人可見矣。學之中，又有已得之一候焉。女於已得時觀吾，而吾之為人可識矣。女不見學者之惆然若有所失，茫然若有所困耶？是憤也，而吾亦猶然憤也一女又不見學者之怡然若有所遇欣然若有所獲耶是樂也而吾亦猶然樂也一學以逆取之而後能有所入憤者逆而取之之功也特（析出忘食）恐逆取者其情苦而易倦而吾則無或倦也第覺功愈逆而情愈奮也一學以順取之而後能有所領樂者順而取之之機也特以順取者（析出忘憂）其情動而易浮而吾則無或浮也第覺攖彌順而情彌永也一智慮以憤而生精神以憤而勇吾意所未經而不憚其難也吾力所未副而不厭其艱也凡此中之不盡於取不窮於用者殫吾生之竭蹶而尚慮不足究其精微則人世可慕可嗜之物不覺視之而自淡一意見以學而馳志氣以樂而鼓吾知之日擴而恍乎得諸意外也吾行之日

進而欣乎如在意中也凡此中之釋然以順渙然以解者隨所接之感觸而皆有以深其會心則人世可鬱可懼之端不覺投之而自化雖食也而忘之矣蓋憤之至而憤亦幾忘而何有於食也雖憂也而忘之矣蓋樂之深而樂亦幾忘而何有於憂也然則吾之為人亦在憤樂之中而已矣且終身於憤樂之中而已矣女何不以是對葉公耶

深語不煩刻畫

真天地之文章自然之文章也自然而成文成章便藏簡于中在此作說用四指領會處不向三字之脉有此真神氣即是真色澤世人好點綴其亦口時花之鮮潔即其天真之流露耶　畢幽數

發憤忘食　三句　　庚午順天　侯　洵

憤樂相循若將終身已夫憤樂終身之境也忘食忘憂而不知老之將至惟聖人自歷其境者能言之乎若曰予今日者韶華欲逝而甘苦自嘗誠不期千二三子之外急需解人耳然歷功修之總續閱歲月以推遷其境如在目前可為知者道何必不為不知者言也乃含頷不告葉公以為人乎學問必嘗之境一日歷之不見淺有千百倍不見深意趣何窮祇堪自領閱歷已企之程在昔經之而可欣及今念之而猶永境地所至猶可共明蓋發憤忘食人也何敢望生而穎異不學而契道于微惟心困于理而不能入斯艱

句外領神

入理鑿鑿

苦悶其精神理困于心而不能出斯御爵生于志氣此際之皇皇非謂道味本志士之腴而屬饜即小人之腹也身一之至情無所分朝夕所需有不暇及焉耳抑樂以忘憂人也幸不至遺于淡漠自苦而知味為難乃理既于心而索而愈出餉遺不盡流連心既于理而入之踨深得意捐夫言象此時之況味非謂優游自得之機而玉成謝憂戚之感也暢遂之至情無所攖廹促之形不覺自適焉耳憤開其始樂永其終相循不已之修日斯邁而月斯征初非以有用之居諸等于虛擲而時移于上事變于下循循于憤樂之中有與為終身者又安計夫去日苦多而來日苦少也憤以

少許勝多許

風篁成韻

縱樂〻以縱憤相引而長之趣日有就而月有將方持此畢生之願力進于深沉而歲謝其故功積其新疊〻于憤樂之內有常如今日者並不計夫寸陰是競而數年可假也是又不知老之將至人也非不與言少壯返頤生後時之感而忽以苦之忽以甘之行健自強於不息而意念之縈拂無從非不驚心遲暮前望切修途之渺而苦不自禁甘不易邀進修匪懈於及時而神明之頤[illegible]彌（悠然意遠）殷乎之為人如此彼葉公苟得借逕于汝尋予于憤樂中而得沂為予并自得其憤樂未可知也奈何相拒之深哉

心曠神怡筆墨無迹詩品中應是王右丞

發憤忘食　三句

庚午順天　秦龍鼎

憤樂相循而不已聖人固可以告人也蓋千之憤樂固日在人耳目間矣然忘食忘憂而老且不知有非聖人不能者此至奇之不越至恒乎且斈士畢生不必有奇妙難宣之秘也惟是有攻苦之劳焉作輟不以間其功有泮渙之情焉境遇不以移其青有與生俱積之趣焉衰暮不以感於懷蓋學以篤嗜而甘苦備歷修惟罔覺而歲月彌舒自念生平有不難舉以告人者而女奚不曰吾之為人乎古今一名理紛賾之區故几席雖偏而悅心研慮覺神明之歸宿有在自覺百感可消宇宙一休戚相乘之境故畢生雖遠

高永看異綃

凌錄一切

而緒觸情牽覺功業之絕續恒多安得半途而廢吾我則惟是發
憤忘食焉天地未儲其精以相餉而當心理之未融則恬適居後
隨半縈彿
奮勵居先厥修之乃來也惟果確者為能迎而取耳學聚問辨而
心恐弗辭其瘁身髀力行而負荷匆畏其艱道腴之嗜世味不暇
沉着完以透堅
及焉而怠忘之尺以間吾憤者蓋已寡矣我因是又樂以忘憂焉
聖賢必從容以幾化而當功力之方加則志專雖寔理順猶虛寸
心之氷釋也惟自得者為領其旨耳居安資深而左右悉涵其趣
恆應曲當而動靜感遇其天優游之至俗慮潛消焉而客感之得
章法
以易吾樂者又已寡也且夫憤樂之相循也原有日進無疆之業

憂食之皆忘也正多與年偕積之修越至於今而予年不覺已老
矣力衰則畏勞尤甚乃問之吾而何憤之非初夫平時念去日之
（深人無淺語）
多必其便安之習先阻於未老以前故覩荏苒之居諸事事興嗟
無及若吾之憤不為物引寧以時移而朝夕孜孜刪訂益勤于皓
首則忘年之與忘食可交併而溯遂與之勤時募則動念多感乃
問之吾而何樂之非昔夫撫時計來日之少必其義命之安莫窺
於未老之日故感如駛之歲月息息盡足驚心若吾之樂不隨境
遷寧以歲往而襟懷浩浩彌深暢遂于窮年則忘老之與忘憂可
渾合而驗性天之達夫以人之高視乎吾而非吾之急求自白自

玆後。吾唯守此忘食忘憂者。終吾身而後巳焉。而我之為人。固巳無餘藴矣。

得妙于理而無宋之腐得妙于言而非晉之佉真覺筆墨有靈聖賢生色

發憤忘　秦

發憤忘食　三句　庚午順天　馬國果　元

聖人自明其素終身一學中人也蓋人之為學無出憤樂兩端者忘食忘憂以忘老聖人豈雖知哉若曰以我之孜孜窮年也不知者滋其疑知我者鮮其寔終不若吾自見吾也蓋性情有獨注之處貴挾專力以相營身境皆可淡之途無復他端以相擾功則與年俱進志豈既髦而衰此固吾所差堪自白耳吾今者亦漸老矣而為人之寔果安在哉理道愈引而愈出特慮名理如迎我懷如距則情不屬者趣不永或半途而息中道之肩頹力彌用則彌生特患道味日淡世味日濃則見乎異者輒思遷至末路而無收功

之候而吾不敢出此也當夫未得而發憤矣已得而樂焉矣如其
候以相報而情不自知俱有莫致莫爲之故抑發憤而忘食矣樂
焉而忘憂矣極其分以相深而意不自禁亦具有莫遏莫究之思

急合末句滚成一片

則且分其境而互考之合其境而遞程之意念苟失所憑依或且
以無窮之嗜慾消磨有用之居諸而憤與樂之各見者殊無留餘
之念也故當其刻勵圖計後此之可娛及其懽欣莫憶從前之攻

玲瓏一碧如衆源浸月

苦境分而心與俱分而流光荏苒憤樂中初無餘量以相及學問
時形其斷續或且以離感之紛紜耗磨有窮之歲月而憤與樂之
相循者更無中輟之期也故因無以得有而畢生皆鼓舞之机會

舊以圖新而終身皆邑皇之日境續而心與俱續而就將圖懈怵以
樂外更無餘暇以相償夫不已老之將至乎而又何知乎溯心跡
於驕囊依依如前日事耳使不求我於半生勤苦之中安得我藏
理摸致婉云尔静氣逼真
身之圖也曉昔之託業原非立異于人而邑勉之懷来祇期自信
於己夫豈必欲與知者言乎嘆精神之磨耗忽忽已至於今矣惟
索我於甘苦艱嘗之地乃得吾終老之業耳年華已邁既好修以
為常而去日苦多終不改乎此度夫豈不足為外人道乎而女奚
不對為也。

淳意清音抹倒無數繁識鑒太虛而嗷萬籟神妙獨在秋毫顛

發憤忘食　三句　　庚午順天　夏永

聖學忘境與年俱化矣夫忘食忘憂所以明憤樂之不已也至於不知其年聖學殆久而化與若謂學勿尚乎新奇而功復貴乎專一第其中之造詣自喻之而獨嘗其苦甘亦惟自述之而可備詳其一未由今以思祇覺浮慕之念靜而逸豫之情深若即此可以終吾身焉而吾之為人無不可以共白矣今夫學宜作于其氣愈鼓則力愈迅策勵之志生于神明矣寧過為精銳而倍致其勤毋習為怠荒而姑寬其候以前人之典要振後人之精神而其不敢自暇者正其不欲自外也且以學之易懈也久矣習之熟而情

偶思逸則必擾其虛靈操之容而意或即安則頓開其嗜慾故息之求口於深〻而為之不憚於勉〻如曰式食庶幾早皆渾于憤（老境）之中而淡然相遭已耳今夫學貴適于其趣〻愈真則思愈摯饜飫之情徵諸寤寐矣既身履其事而有獲心之致自內暢于懷而永泮渙之休以有心之領會入不盡之淵微而其引之彌長者正（鼓〻舞〻振〻起）其味之彌旨也且以學之易厭也久矣契之至而容有或紛則優游之天難遂浹之久而容有或間則沖和之意難舒故研慮徵說心之趣而深造有自得之機如曰憂從中來早皆融于樂之中而（將學集不堅微）渙然悉解焉耳且夫學又積乎其候〻遞遷則請遞深端緒之尋

水諸朝夕矣既已歷晦明而亘一意之起伏更復閱邁征而迭兩念之循環以有盡之年華償無窮之願望而若日計不足者並不見歲計有餘也夫以時之易衰也久矣氣將倦而多事贍徇則坐駁于中道趣將索而遂形倏忽則並棄其前功故歲月一任其遷流而性情獨形其懸至則夫老之將至早已化於憤樂之中而純然因間焉耳蓋致功無奇入其中而形神交暢問心有據舉其寔而境地獨真乃若冉云亦吾之自道其常而已矣

提結六兩語氣

耳鋭蹄高批秋竹而削寒玉豈比俗馬空多肉耶

發憤忘食　三句　　庚午順天　徐應熙

憤樂相循聖人終身於學而已夫非忘食忘憂而老至不知學未純也觀夫子之自述夫子誠終身於學者哉且吾人一日之學皆終身之學也非豫定其基則究歸於泛不知其苦不能淡於意之所甘也不知其甘不能淡乎意之所苦也不知其甘苦遞相往復又何由而見造化之可以自我主也功難盡於自足而境易適所已經予奈何於葉公之問而頓忘我之為人耶教有五而食為生民之源人即矯情未有饔飧俱廢者我豈不近人情哉惟是乘間而進心入理而未安擴迹而求理在心而猶隔則不覺其發憤矣

已定三比之局

從每句下截斷入

勢如風雨驟至

新科墨選　金卅八　論語

將欲舍而置之有起念而無轉機將欲作而輟之有進境而無退

朱子所謂學要剛毅果決悠悠不濟事

志方其憤也哉不知天壤間何以有此困阨之境使我入乎其中

回

而要必有易簡之原使我出乎其外則心之惕而靡寧者何事

應戚頭返應成渾

不可度外置之也則發憤忘食也有無情有七而憂為累人之端

人縱適意未有憂患悠遠者我豈別有謬巧哉惟是相悅以解逢

故物於新機漸竅而通見周行於岐路則不覺其樂矣將欲名而

言之官知止而神已行將欲戀而擬之得乎意而忘其象方其樂

理樸神情字字耐人咀

地哉不知天壤間何以有此怡志之境使我得償乎從前而更無

味

復有賞心之端使我又移于後至則心之陶泳而難已者無事不

可膜外視之也，則樂以忘憂也。有然年有百而老為倦勤之時，人即達觀，未有不遲暮驚心者，我豈委心任運哉。惟是功期無間，皓首仍研幼讀之書；理觀其深，黃髮不挫壯年之志，則不圖其老矣。將欲綫而析之曰積月而月積歲，將欲約而舉之今視昔而後視（運古合機研穿一一）今，方其憤樂之適致於老也，幾不知天壤間何以有此不已之功修，使我駐足於其間，而又無復有可托之塗逕，使我息肩於其際，則心之純一於學中者，無事不可若食與憂之皆忘也，則不知老之將至也。又有然我之為人，何不可為葉公告哉。

摹寫當日精神骨力，歷歷從腔子裏裡流出，筆意亦高曠絕倫。

發憤忘食 二句

山東李學院歲入鄒縣學三名 孫舒夔

聖人自言好學之篤、若可共白于人焉、夫夫子好學人也、憤樂相纏而老至不知、不可共白于人乎、嘗思大道之在天下也、常有無窮之蘊、而斯人之辭道也、貴深不已之功、吾也靜驗生平、不逾矩

數語抵定全篇

未得而邁往、勤理有獲而大樂暢、憤樂相尋之下、誠有不知歲月幾更者、是何不可共白于天下乎、乃女不以吾之為人對葉公、豈以吾之為人有奇行乎、而吾不爾也、天下之理日出而日新、則所[illegible]時彼之功者、必由苦得甘、而無取乎淺嘗、而浮慕吾而愈[illegible]所以盡其研精極慮之事者、必由勞得逸

涉而遂吾蓋因其未得者而勇往求之矣凡事之味者其圖之也必不切若夫道中之味則真引我以無窮爭奮迅深而志氣專疑信不得而參也遲勉勤而心力壯常變不得而消也心藏心寫之下惟此一事盡其神焉而膏腴美味總不得係于懷也巳吾又于其已得者而愉快深之矣凡事之外假襲取者其悅之也必不篤若夫學中之旨則誠既我以不盡矣饕飫久而廿美生高深内省快然也精神竭而至性恬俯仰間無餘憾也動靜食息之際惟此一物適其懷焉而困苦拂逆總不得擾其慮也巳憤樂如是是豈有一時之或巳也哉愈勤求斯愈恬適

求是忘食

求是忘憂

三句本是一氣直落探妙

愈懌悅斯愈剌勵而兩忿排為循環例不識年華之已邁愈暢遂

斯愈邁往愈誠切斯愈游優而忿相為始終曾不知少壯之已去

吾于此有可以自信者焉窮年矻矻不過憤樂之困留則吾身豈

上兩三字

有奇行吾于此亦有可以共告者焉非生勉強止此憤樂之無懈

則吾身豈有難言吾之為人云爾已矣女奚不言乎

不矜誇不膚淺舂容細膩確切聖人自道語氣　原評

題面三句原是一氣趕處總寫全意以下雖分兩截中間直接

氣口吻

發憤忘　孫

五十

發憤忘食　三句

江南張宗師月課
嘉定縣學一名　凌燔

篤學而不已，聖人可共知也。夫憤樂以老，予之篤于學也久矣。子自明之，而由竟不能道之耶？子若曰：丘之自視，則亦已審矣。終身閱歷，一一言而可該，而女奚不曰丘之為人也？蓋自志學之年以逮于今，閱幾何時，自顧絕無崎異，與人共學，此中僅有微長。當夫理之未得也，則發憤焉。天下之替而欲通者，其情未有不奮然者也。誰非思勉之姿，吾何恃而不憤哉？夫理之既得，則樂生焉。天下之求而有獲者，其情未有不快然者也。幸償攘執之勞，我何為而不樂其情也？徬徨于得失之交，而儼若思，茫若迷，蓋有當食而不知御者。二三子嘗學

須起全神

具筆妙正見得絕無異人處

深矣而不見其之有忘食時耶其樂也涵泳乎理義之悅而渙然釋（此○忘○食○三○憂○兩○有○遠致）怡然順誠有履憂而殊不易者吾與爾無行不與而不見其之有忘憂時耶業以專而得精憤之時不知有樂樂之時不知有憤道以求（以上如雲○行水流至此則風○發泉涌矣）而日進憤之後將必有樂樂之後將必有憤境以觸而旨迎憤與憤或相因而起樂與樂亦相引而深才以竭而彌奮憤與樂微之一日（氣○進○出○則○句○○以○下○漸○）而遞遷憤與樂歷之有年而不盡也吾殆將終老于此矣日月日以（寫○題○意○如○畫○口○而○出○其○此○屬○園○住○心○妙○徑○通○得○出○至○誠○不○息○精○神○）邁齒髮日以衰然而游之詩書之內行之仁義之域所為皇皇以求（○善○於○意○思○）者此心則甚長也恐修名之不立而不恐年歲之不我與天假之年（真○深○異○聖○人○接○引○學○者○語○他○人○有○道○放○低○將○云○爾○而○字○說○得○世○淡○）而竟其學則即此日用動靜之恒差堪許之藉蘇而不慚天道行乎

又由此神氣至矣

上人事修於下而循環于巳經之途閱歷乎未至之境所為靡有窮期若此貴何能謝也幸吾道之粗成而不恨吾衰之已甚苟一息有而忘以憊則猶是銳始怠終之過何以貞之遲暮而不失正老矣無他苟也已屈指生平獨好修以為常憤樂相尋易一境以求我而不得也其在于今終不改乎此度老之亦不知我委析于其中而幾幾不自覺也如是云爾而不以之告葉公何哉今而後有疑我于憤樂忘年之外者咎在女矣

點語分明雅切

天兩一字好安放

此文之制應如唐之律詩況遇此等題若于題之神理欠一分則鄙弱而不宜過一分則僨盈而自抗皆所謂不應律也此文毫髮

無憾可謂應律之至。　王雲衢

前半遂層出落法老而脉清。後半渾發題意。氣和而詞雅。波瀾意度從天祟人得來。而氣體清徹。能化其蕪累自是稚音。理脉未到成弘前輩然風調之妙寔是可愛可傳令人不厭百回讀也。松濤

發憤忘

変

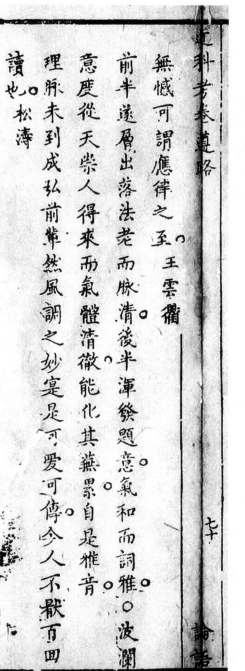

發憤忘食　三句　　庚午順天　張英發

聖功之不息也無不可告人者矣蓋憤也樂也忘食忘憂而並忘老也此不息之功也夫子所自信者在此即可告人者亦在此耳謂子路曰天下惟此進修之功切於己者亦可也之人畢生之閱歷非一而功期一致百年之歲月易盡而功無盡時身入其中即情不自禁覺此際之況味固非有難傳之蘊焉而一堂之士又何必轉為之諱也我嘗自思其為人也固終其身於學者也論生平之造詣原無奇異之堪驚惟是游心名理以來覺性情嗜好胥有摯之以去者在局中幾不自解其迂愚而潮當體之修為又非且

直敢發理神緻

夕所可竟故自奉身名教以後覺志慮心思俱有引而彌長者即至今究亦莫名其胣摯於理之未得也而憤以生焉憤之深而日用飲食胥融於弦誦之內於理之既得也而樂以生焉樂之至而憂虞悔吝總消於浩樂之天愈勤求斯愈鼓舞愈誠切斯愈優游（語納而氣厚）俛焉自勉忽不覺歲月之已增志益切斯慰藉益深神益暢斯勤懇益至迭為循環又安計韶華之已逝忘食忘憂而老之將至抑又何知哉夫然而女且將謂子云何也（發近入妙）天下惟出人意外者每提之議之有莫可名言之致若此之為憤為樂夫豈煩人擬議乎誦讀之中見功能恬豫之中觀機趣則推諸知能行習之外夫固有

所不必也故綜而計之而隐衷欲揭皇然而念持贈之無多天下惟艳乎尋常者斯耳而目之羣上夫震驚之思若此之長憤長樂又豈駭人耳目乎一日可達諸百年終身何間於俄頃欲置諸不論不議之列抑又有所不可也故俯而思之而自信有真瞿然而念品題之易定吾之為人如是焉爾矣何不可知何不可言乎汝曷不對葉公而令彼懷疑以去也

不鏤自雕

穆然清遠

天根月窟之言只以尋常容易出之此謂愜心者貴當

發憤忘　張

發憤忘食　三句　　陸師

以憤樂終其身、聖人非難言也、夫憤如是也、樂如是也、至於忘老、亦不過如是也、聖人亦學焉而已、而曷弗云爾哉。且學問之事固性情以之者也。則夫自專其情、因而自快其情、與其情之一往而終身者、宜亦止堪自喻矣。然自喻而人不喻之、必其中有不可喻（取云爾之神）人者也。夫不可喻人者非學也、女寧不知我之為人耶。夫今日者（逆入）歲不吾與、老將至矣、屈指生平、自顧甚覺無奇、而忽不知年之何（原評落句有神）以逝也、吾蓋有一事焉、以為朝夕、以為畢生者也、女不見我之浩（原評傳神）乎如有所思、茫乎若有所遺耶。吾亦不解食之何自而忘也、曰吾（從忘食轉出憤字）

憤矣乎吾心而探索亦已久矣一事也而有迎拒則憤吾意之不
實發雋永
長也一理也而有離合則憤彼途之無紀也吾即有所樂不能解
原評標樂字
於此日之憂則以為忘食云爾女不見吾之志氣有時而舒心思
即標之云爾
從忘憂轉出樂字
有時而鬱耶吾亦不解憂之何自而忘也曰吾樂矣吾研求而多
獲亦已久矣理似遙而實近則樂其如吾意中也思已窒而忽通
原評補憤字
則樂其出吾意外也吾即有所憤亦無解於此日之樂則以為忘
ゝ
將憤樂二字翻五反覆
憂云爾天始憤終樂則樂固憤之進境也然既樂復憤則憤又樂
以逼出不知二字
之轉機也一事之來先憤後樂是戚者半欣者半也一日之內旋
原評補致如生
樂旋憤是欣方已戚又隨之也蓋憤樂相尋而吾已老矣天與吾

以日月亦甚長哉懼修名之不立則老亦應因憤而知然索之詩（析筆妙）
書慮旁搜之無益求之寤寐恐冥行之寡通則自初學以逮假年
終其身如勞人之有憂也吾殆將老於憤矣古與我以會心又甚（挽憤字）
永哉恐得意之終窮則老亦應因樂而知然游泳以博其趣而舞（明更勝發伴不）
蹈皆屬天機寢食以致其深而鼓歌可消歲月則自十五以迄從（知意出）
心終其身如飢者之甘食也吾殆將老於樂矣夫是以其忘年也（挽樂字）
亦如其忘食也亦如其忘憂也則以為老之不知云爾奈何吾曰
如是云爾而女不曰如是云爾也夫吾豈異人亦猶是忘食忘憂（繳到女委不曰作收）
忘年之義爾

剪裁盡虛神。詮發實理。色色名雋。而穿插映帶。更極玲瓏之致。徐

日如

發憤忘

發憤忘食　三句

庚午順天　項廷模

聖人以好學自居有終其身於憤樂者焉蓋憤樂者學人之事也子將以是老其身其為人不即此見乎且古今無大異之修為亦無半塗之學術祇此尋常踐履間而意與之傾而神與之浹而性與之居可以自喻亦可以喻人予何相習焉而莫之察耶則吾之為人有可近求即是者義理自在人心未至則期其至已成則快其成蓋畢生無止境也以衆人可赴之程而不示人以易曉得無（緊領要不日來脈）啟當世以難量之疑學問有何異境微求切而苦有不辭體驗親而旨可自飫蓋一息無可懈也以衆人共習之事而不與人以共

新科墨選　金四六　論語

明得毋貽學者以遠求之誤汝不見學者之悃焉若有所思茫焉若有所迷耶是憤也而吾亦猶是憤也淡泊自明本學人之素履調飢奚恤覺用志之不紛盇真以摯者必不泛而馳而忘食之情

凝而遂之精神洗發

形吾於此有可自証矣汝不見學者之怡然如有所得渙然如有所釋耶是樂也而吾亦猶是樂也皆道之情不切或以世故動其心自得之境漸深遂與大化同其適蓋順以安者必無逆而阻而忘憂之意象吾於此又可自明矣且夫大道有難窮之量則趣彌長也修能無中輟之途則情彌永也澀溯生平憤樂不知幾何矣然而事以習而愈殷情以久而彌篤當其憤也而樂又生焉當其

樂也而憤又乘之銘心刻志哉志日月之易馳與往情来不覺韶華之漸逝蓋有服習於其中而哉亦不知老之將至者吾于此不又可揭生平之大略而悉以相陳也哉是則高視之見無庸也返宿寐而追神歷之途甘苦不務奇飾而特以性情之獨摯直借歲月以俱深故切而借之實覺積力併心之地托業甚乎而未有息肩之日是則行習之程可按也綜前後而訂修為之諸得失豈有異人而惟此意念之獨深直與年華而並赴故寔而驗之始知朝稽夕考之端程功伊邇何妨以共喻之人汝奚不以是告葉公也

（軒岐聲鮮二片天）

（州許追返寐虛覺俱見蕭落）

體認親切稱心而言火候之純如梅子熟如桶底脫

[發憤忘食] 樂而忘憂　生以知之者（論語）　黃元李

樂以忘憂　生而知之者　黃元李

樂由憤而得、聖所以不居生知也、夫樂固知之驗也、乃子所以忘憂者、必由于發憤、則其老而益知、敢自謂本于生哉、且使聖人自得之境、不從奮勵中來、則其所以明道者、洵由天賦矣、乃若憐適

（反起一氣貫注復能補上法密機圓）

非閑逸獲、而攻苦已經、斯明哲不恃性生、而稟資可謝、豈得因聖人鼓舞于得心之候者、不弛于遲暮、遂疑其生質之獨殊也耶、子自道其為人、而謂發憤忘食、夫夫子何待發憤者、乃如神坐照、亦緣困苦以求通、睿哲性成、必經艱難而始達、當其憤也、竟若茫乎

（畧用鉤筆蘊甚）

未有知者、而安得還問諸我生之初乎、然既極夫苦之情、自得夫

甘之趣子寧無樂之時哉子之樂寧猶是人之樂哉夫樂固學中不易得之境也名理悠然來會愁若可轉為歡愉心思困極而通欝結悉微為舞蹈會心不遠而耳若加聰目若益明心志若增其（再申一筆細密）睿慮泮奐優游之象即所謂神明天亶生而即通義理者其恬適亦不是過焉而謂復有可憂之事足以易其樂乎且夫子之樂固緣所憤之已知要其以知為樂者非第一時已也蓋由憤而得樂已見所知之不虛因樂而又憤更期所知之益進循環不已兼欲（帶完上句文勢極方流圓折之妙）其以知為樂者靡窮安計夫由憤而樂者已老乎審是則子之所以知者寔由于為人之勤不專由于得天之厚也明矣乃世震而（轉折敏快）

驚之皆以為生而知之者何也想人亦第見巳知之後左右逢原

取携甚便人所竭蹷而謀者子獨從容以致之人所勞苦而獲者（緊醒）

子獨悠游以得之遂以為知而非生必不能若是之樂也抑知夫

子所自許固不在此夫與其虛泰以生知之名而泰知所樂者為（逞筆圓健異常）

何事孰若實辭夫生知之目而自驗其發憤者為何心苟能知之

何嫌乎耄及既已知矣又奚取乎夙成而知必明乎固生而知之（翻上并刪帶深撤白舒翻知之至）

者則其因知而樂者當自少巳然不必內發憤而老而益深也且

其因知而忘憂者宜少而已習不必由忘食而老而彌進也又何

為樂必由憤而得子之為人不懈于老者實可共白也哉觀于好

近科考卷挺秀　論語

古敏求而子之所由樂蓋可知矣。

機神一片。手法頗精。原評

針綫綿密。機勢流走。上下兩截。不着一呆筆。鈍根人當熟讀此文。頤蕙種

樂以志　黄

航畫捺尊如語　兩然發自思之

發憤忘食　二句　　黃景昉

自道其所忘，真聖人之自道也。夫憤樂人之常也，忘食忘憂，憤樂之常也。聖人亦若是而已，其言曰：今人有佌繆巧斷（淺昧使醒），不可知。若其意念所鍾之處，豈有不較然者哉？猶之為人耳，未可以為（抄）人，能無憤乎？適如其為人，能無樂乎？豈真謂理之所生，實有如是之名理，應憤應樂，足以域我，而使之趣？而但覺性之所從元，有如是之人性，極憤極樂，使我洒然而不能已，則見有一日焉，天地草木俱若含怒生之意，是其憤耶？初不知何憤而忽欲其蘇也，而食忘之；則即此一日焉，求飲嗟笑未足窮窮窮之氣，是其樂耶？亦不知何緣而忽開其機也，而憂忘之。前此未發乎（伏發）淺，此已發乎？獨此鬱而將發之候，恍若告之以慙悔，我自思之，人世可憂

皇明文讀三集　上論　天啟乙丑

滲寧居選

絕有妙會憤中見樂不隔一絲

開胸示人

（字妙）之境宜莫甚於此矣區區世味不足以動之矣而究知樂之即與去違（妙）也未發誰憤乎已發又誰憤乎極此一發莫樂之發至於暢之以滿益我自思之人世可樂之境亦莫甚於此矣紛紛世境不足以奪之矣而乃知憂之不足為我累也而奚不以其忘食之憤一快言之也人惟嘗之深隱始可私為獨喻耳業已發矣神情常開豁之後此亦我之不能自私者也而能為人私乎況其中之鬱勃倍甚也（宕、滑、許）而奚不以其忘憂之樂為曲訴之也人惟得之危苦來易出以語人耳我則樂矣胸中有浩落之趣此亦我所通欲自寫者也而不為人寫乎況其中之悲憫已鋪也皇皇於學問之內自分無不甘不若之情忽忽作尋常之觀差謬一遙一泱泱而我之為發止是矣女奚不回其為人也○總憤見樂飛愉樂奔出

女奚不回一二宣尼自寫○文至太解方能以筆為舌千載陳人相之淡然

發憤忘食

甲辰 過秉鈞

聖學由憤而入、其未得時可先自白也、夫發憤者學之始也憤而忘食則憤之至矣其爲人不已可共白乎告子路曰予學中有無可如何之一候焉不入其中不知也志之濟也鬱極而思通情之一也得深而誘淺夫固有明〻可自白者不然豈其爲人獨不從艱苦中來耶亦竊思之名理之取攜久之亦自有默心之處而當其始則不見甘也祇見苦也殊覺會通之無自耳一畢生之服習久之亦自有懈志之時而方其始則難自逸也殊自勞也正覺濟厲之無已耳女獨不見吾之窮焉如有失皇焉如有求耶則憤也耶

切○定○

稱○口○便○

龍下樂字從入

女獨不見吾之迅馬其倏焉勃焉其不自已耶則發憤也耶聰明

落

筆脫洒　他手但拴得憤字此并能

不憤不出也心思不憤不入也憤之發如乾之健焉一若舉從前

突寫發字

怠忽因循之習胥于此而發其新精神不憤不生也才力不憤不

奮也憤之發如震之初焉一若舉此後振興鼓舞之機胥自此而

開其始今夫憤者學中之困境也令學焉而即有得也吾何憤乎

爾惟是探索之深扞格者久之徬徨者久之而憤乃于是乎發焉

儼乎若思茲乎若迷此際之困心衡慮而不獲自由者弭不知夫

帶起急食　對更勝憤字內確

憤之發于何始也而此外無復黍一念也已且夫憤者學中之轉

有此意

機也令學焉而終無得也吾何憤乎爾惟是抑鬱之以若有以啟

之若有以覺之而憤乃于是乎發焉思欲通而旋窒幾若距而將迎此際之凝神一志而不能自已者且不知夫憤之發于何止也而此外無復移我情也已聞韶而肉味何知饜飫乎其中其意趣彌淡而彌旨譬易而羨墻如見尋味乎其內其精神亦愈入而愈深蓋無論其他也即食亦幾忘焉矣而其爲人之發憤何如哉自是憤以生樂樂復以生憤焉而憤乃終無時已矣夫又何不可共白也

（忘食處捺作御賦不希不觀）（點得活）

憤字寫得沉鬱發字寫得振動忘食二字寫得淡遠不呆蹠一筆最是當行　張履安

【發憤忘食】樂以忘憂之者（論語）　劉大年

樂以忘憂之者　劉大年

樂由憤而得聖人不敢以生知自居也夫樂則無不知矣而抑知正從發憤中來也以此知之而人猶以生知目我夫子耶且名理中有左右逢原之一境焉其得於天而與生俱來者古今曾有幾人哉夫轉攻苦為恬愉至道原不阻於深入而一絲以得力之故覺會心非偶而逢獲良難乃或指個以處之相牽也此聖人所自領而呈然者矣知發憤忘食豈其終於不知而積憂以至老也哉夫資與學有互勝之機然於資者力於學其道適相敵也甘與苦有相因之致歷其苦者嘗其甘其効適相償也迨至潛心既久悟

境忽開夫不更有樂境耶且夫樂亦未易言矣非臻仁熟義精之候必無以悅諸心非有神凝形釋之機尚無以覩其會昔之聖人猶病敦敏智周萬物易所云樂天知命故不憂其即夫子樂之謂歟然亦思夫子之樂果何自來也今夫人道不阻人以艱深之境我學不關人以僥倖之途苟其真積既深無論天亶聰明油然有快心之候即今資非先覺識本中材其心無而神融者瘳瘵亦有鬼神之告而此中之契悟非盡如其精務無術而弟去希明敏愚虛有素悟之思即使氣極其清質居其厚其從容而順適者宇宙或有神聖之徒而一時之假託已謬即聖如夫子夫豈歎於生者

而困憤成樂故〻焉至老不倦蓋知之亦綦難矣而人頗以生知
相推讓耶且人以生知目夫子亦自有故彼見夫思無不通入而
能悅夫子獨喻其微旁觀者索解焉而不得無以名之遂群以生
知當之夫以夫子為知則知之途自此開矣然以夫子為生知則
知之徑入自此絶矣夫子心憂之皇然曰我非生而知之者非以
自謙實以共證也夫天之生上智不數矣人之全天以致其知也
亦急矣使悅然於夫子之知非由於生而因尋夫子之樂而且思
夫子之所以樂則所以無不知者其為人無不可為外人道也古
訓具在此中有真樂焉而惘〻以終其身者其亦自貽伊戚也夫

布局完密運掉靈緊法細機圓皆緣火候十分故有意到筆隨之樂顧意種

樂以忠　劉

發憤忘食樂 二句

劉同升

極心之用、可以無所不忘矣、夫必有所甚忘者而後見心之用、則聖人之憤樂是也、且夫人於心有得、覺此中實有至足之象、雖使有物雜乘亦更無餘地以相納、是故嚌心理道之人、要自有一往深嗜之味、而以世情視之則皆天下善忘人也、蓋誼當苦心之際、已抑抑無復有生氣矣、從折其生氣、而情或甘之、此其人必無孤行之意、所綣戀常多者也、境在悅心之餘、又津津無復有拂意矣、曲暢其拂意而情亦冥之、此其人又必無獨逾之懷、而縈亂中之者也、而丘為人不如是、丘其發憤忘食者乎、其樂以忘憂者乎、物非吾固有則已、為吾固有而索之不得乃一以其感奮鬱廹之意激昂於古今[illegible]之林（秋水為文不受塵）夫我第不滿於此一事則事事可怨矣我生平多所不暇而摠以不謀食者相鼓於萬緣可謝之天他何慕焉抑為吾易有亦已耳本非吾易有而求之能來乃一以其飛躍舞蹈之趣放寄於機倪[illegible]現之間夫我第快足於此一念而無念可生矣我生平多所不患而摠以無足憂者相盪於百感俱寘之境他何有焉蓋人惟奪其所志則萬累盡有以相役故一念偶惰遂覺身世之故種種可念正使世（眼冷）故太明而慧性滅矣（謂故自可味）我所為自堅吾精神意氣之用而不與役我者旅行於性命之途薄其所期則本念亦因以自雜故一境不深更覺

道外之腴悉上歸實正使一切皆智而此心愚矣我所為自篤吾敏
求好古之力而不使雜我者中分其神明之用飲食之於人大而心
有所慕則正以飢渴之心為清虛之心憂患之來無方而念有專注
則正以沉冥之味足眷邃之味為人如此由何不以與葉公言也
從冥搜得來郤缴根鬱而不暢吾嘗謂口念賈島佛不如高唱李
杜文章也

發憤忘　劉

樂以忘憂　　諸學李

理得而心安樂日深而憂日釋焉夫人之心憂樂相循者也樂焉而至於忘憂其得於理者何深哉且人生快心之事不可以倖而獲也然即可以倖獲而快心者方恃以獨往困心者又乘以俱來兩者交爭彼且得持其勝以奪我矣非情之自奪也我未得乎相既之趣則情攖而性無恬適猶將因吾可自得焉獨不解其自得者之何在也而我於發憤忘食後則與是學問當親嘗之候乃覺景象彌新境真而中情有據苦盡者甘自來苦至深入之餘愈見神明獨摯得意而外感悉捐天全者人必盡斯時吾惟有樂焉

耳樂必取其全也未得其全以予己可安即留其半以予物可分矣豈知精神之交暢者誠有息息相深之致而中涵者既不借乎境外至者自莫據其心樂必期其真也未得其真以自恬且有綫其隙以相乘矣豈知動靜之所得者悉有陶陶自適之情而貫心者不外求而自生疚心者寧兩入以相雜蓋樂自不見憂我之為人其又樂以忘憂乎境遇何常特之甚安而常有其危者焉惟安者有可信之實斯危者無得間之投也吾也當刻苦之後若隨在有以自安此一時之所安已若歷與時而釋其危也即有時欣而忽戚然設一憂患之事以自將其惕厲而究之一日有可樂卿一

深極剖至

畫出樂天知命之景

日忘此憂也吾樂喜樂吾忘吾憂焉矣情意何定見為可喜而又有其可慮者焉其慮者無竊發之勢必其喜者有獨深之貺也吾也當鼓動之發覺隨在足以自喜此一喜之所結已若轉百慮而頓化也是知夫理得神恬相安於愜心之境以自收其暢遂彌覺逼肖聖人口吻可樂者在月〻忘憂者亦此月〻也吾忘吾憂吾適以還吾樂焉矣且憂之來也無端必為矯制以自絕始而視之若無形耳迨忽焉相值而歡娛之志不又往乎我惟相永於情性之中而在我者鼓動觔外往而常深在物者來而不有天寧吾字一息自可以百年苟樂之存也有素祇知淡定以自守驟而窺焉謂得意耳迨久而相觀而

煩苦之氣不並搨乎我帷相恃在心性之中而順情者先時而為之蓄逆情者隨時而為之化泮奐爾游欣慕且（恰好提下）忘乎歲月不知老之將至女奚不以是對葉公耶

勘出樂字真分際攻邊搗腹腕力雄剛披讀一過覺聖人語氣能曲曲揣摩追取其神韻蕙種

樂以忘　諸

發憤忘食　云爾　　錢榮世

即聖人之自言者而得其無息之心焉夫忘食忘憂以至忘年子之心非猶夫人之心矣蓋於穆不已者天之命自强不息者聖之功夫子之學與天合者也觀其以為人告子路曰女之學于吾也（神韻若接）有年矣夫吾非有異行也不過與人同學而稍勤且專久加久焉以永其旨以博其趣吾生有涯而此事固可終身也女寧相視（原評遂接七八入筋節靈敏）而不相知耶今者吾殆將老矣回念志學以來歲凡幾更候凡幾（打通）矣豈意一旦忽忽至是哉蓋由今計之而始知吾之已老也當其（氣得體）始則惟知有發憤而已理不能以遽入也篤志求之則遂通人心

[illegible][illegible]張宗師考卷　江南　論語

[illegible]春宋翰考卷　江南　論語

詞義溫雅如清溪大帝畫

自能憤耳夫歲功始而群生之鼓動皆將有以發舒而我曾無奮

勵之一日乎去其怠荒乃以得勇循其滯泊乃以得股匪曰姑肆

插細字妙

力焉而耆好得而移此也則惟知有樂而已理不能以終閒也息

心体之則日出人心自能樂耳夫氣化遷而萬物之萌生皆將通

以自樂而我獨無暢遂之一機乎愛習其事則忘乎事之勞

其勞轉幸夫勞之效匪曰稍快意焉而拂鬱得而東之也

句有神

興會淋漓

愈有所不能已矣情之有處而興者或轉盼而即窮哉其

樂哉自適吾天而天機之運轉不已者雖勤而自喜焉

動者多凝滯而不化我其累物也歟撤自給番燃而以

人倦者漸進而益深。夫既積日成月，積月成歲，長抱此憤樂之思（窮盡神勞肌脈相貫），以勉讀于漫暮，纔來日有所熟，月有所將，而益殫其忘食忘憂之志，以自勵于後來，老之不知。是則我之為人也云爾，而女奚不以對葉公哉。意現于此言，而知聖學之與天合矣。其發憤也，鼓而舞之，取諸震也；其樂也，研而說之，取諸兌也；其老至不知也，積而久之，取諸恒也。乃猶不自足，而曰云爾者，不有如乾之美利不言者乎。是不過自言其為人，而聖心深遠矣。（志足）

字字研鍊而出，仍不摧其遠致。原評

質如耀雪，應照右讀得來。若逐句跣股為之，則血脈斷而不

許府尊宗師考案　論評

○繽紛于前半[illegible]背水陣○謎讀無處○即爲下句作地○串題如蟻之

○鑲珠而論幅細緼乎翕○一氣鑄成○正着以所謂刀砍不入之文○

漢標

發憤忘

錢

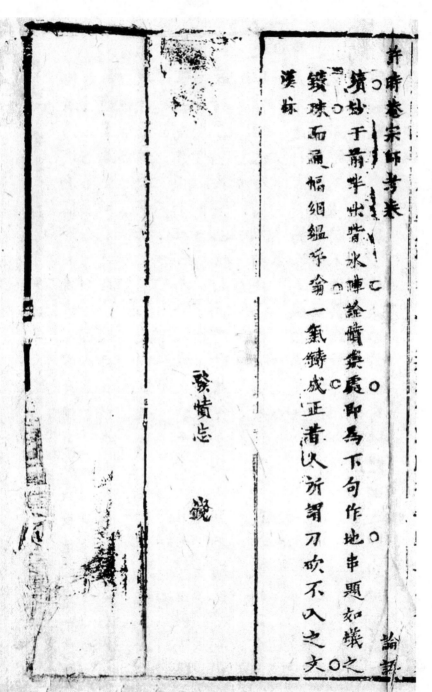

是文莫不曰口氣

憤樂自宜串講

發憤忘食　二句

顧天埈

觀憤與樂而知聖人之學矣夫憤忘食樂忘憂聖人如此而學豈易言哉且夫人終身于學而茫焉無得者徒以悠悠浮慕而未諳甘苦之觧也不觀夫子乎夫子於子路不對葉公也而教之答曰吾夫子爲人以尋常求之而不得也以瓌異求之而不得也平居好學以自許竊有憤樂之可言夫學貴適矣而乃憤焉當其憤雖莫奇于食而忘之矣業已憤矣而又樂焉當其樂雖莫切于憂而忘之一息而通千古悟已獨到而忽發大疑此際一憤安有食耶逮夫疑情破而爽然欣然之趣何物可尚焉而乃言憂也下學而幾上達力已無餘而機猶有待此憤一發安知食耶逮夫天機融而豁然心力之化凡樂不如焉而況乎憂也雖

只洋洋還他憤樂妙枝

如此說

憤細甚

即憤即樂左見其微

又說憤樂無窮竿頭一步

朝乾夕惕乎而自覩且若玩惕敢不致々其致々也正其手舞足蹈而惡容自已者也一憤一樂莫得端倪焉矣雖日積月累乎而自者秪似無能敢不皇々其皇々也正其左右逢原而不可語人者也忘食忘憂亦僅彷彿爾矣要之學本無止雖淺已極之境尚有可躋之域憤無窮也學必有得每加精進之功愈呈殊特之妙樂亦無窮也憤無窮樂無窮矣予終身焉而已矣

憤是憤個甚樂是樂個甚憤樂為有二時無二時似合似分渾々精點光景依微　宋羽皇

坡公云聞此大士為言為默々如雷霆言如墻壁憤樂義宜如此參

○摹寫入神　似鄭文潔又歎不違等文

發憤忘食　三句

庚午順天　顧德懋

聖人自述其憤樂之相循而不厭之真傳矣夫未得而食可忘已得而憂可忘憤樂如是何老之不可忘耶夫子所以自白者如此意謂吾人生平之得力一靜驗焉而歷歷可數也中有所不能釋而衆好皆屏情有所不能已而百慮俱息積此而以日以月亦何事可以繫吾懷者此境其孰不能喻之而今吾自道邈（資清以化）不勝芳華易逝之感焉我不意我之為人而猶不得見知於女也夫我亦豈有所以異於人者耶天下有無盡之學業久于其中者則易深未得而不復深思已得而不知尋味玩索而日吾庶乎其可免矣我

生有自矢之性情素喻於人者宜勿憾未得之也尋究何其勞已
得之也寤寐何其遼日引月長吾守此其終身矣憤非未得境耶
樂非已得境耶憤樂之故在人且覺其無端而予則已身親其境
食可忘矣奮勵何勤憂可忘矣情懷頓暢撩其相引之機憤常在
先樂常在後也憤樂不已吾徒幾莫解其何心而予則已屢遷其
致憤之積也喜意旋生樂之積矣疑端又起驗其相尋之妙憤無（數）
（雋　酣暢）
終窮樂亦無盡境也今夫難得者時也不我與者歲也已往之不
可再者少與壯也人生幾何嘆百年之易盡此身如寄感一息之（神來）
尚存憤焉樂焉而予則已老矣然而永朝永久一意之起伏何常

斯遊斯征兩念之周流曷藝錢無暇撫衰年而自悼頭白髮而神
憒也老至不知如是云爾有吾身而無學以實之則心思安托憒
○客○味○居○吟○與○道○大○達○
焉而官骸手足皆若有憑樂焉而志氣精神皆非故我要惟韓展
於其中而頹惰之氣不入予所以畢殫其精力者在此予所以善
用其神明者即在此也有吾心而有學以依之則情懷可溯食忘
而不自安之意如在目前憂忘而不能昧之真直堪千古要惟游
泳於其際而踈妄之念畢除予所以易形其衰朽者在此予所以
自娛其遲暮者即在此也功由畢逖即舉念而可尋固不必索解
人於局外業貫初終即自明其何愧入矣必謀合志於同方又奈

何而不告葉公耶。

鄂泌秦東亭瀾蒲茅白水岸上

行獨標語妙

發憤忘食　二句　龔秉政

聖人自明好學之心若猶夫人之心而已蓋憤與樂人皆有是心也忘食忘憂而聖人之好獨專矣究亦何有甚異乎哉故欲于路代白之若謂吾黨從事于學即莫不有求得之一心與自得之一境此固夫人而可驗之者也然入之者淺則取之者不深故在我初無絕異于人之請第即人所必至之心必至之境而特不稍留其未盡焉丘之為人何如哉夫吾亦學中人而已矣學以憤為端以樂為發蓋功不從逆而順者無以致其順且先無以用其逆之者順之機也方當其逆而預希一順之境則終未我于順矣味不

自述語氣

指點語切不浮

措語有

由苦而甘者未能嘗其苦則亦何由遇其甘〻者苦之報也第當其〻而尚餘一苦之況則猶未究厥苦矣故夫人皆有一樂之餘而患不能憤也人皆有一憤之幾而患不能發也義理艱深之處必積以憤勵之精神而力有所從入索解俱絕之時必鼓以沉鬱之意氣而思有所從出丘寧不祈從容之中乎乃身于其中而翻然勃然之概有欲遏而不能者竟未解人世間何物足以繫吾情也憤焉而已矣由是神明闢于拂鬱之後而向所爲探之茫〻者思焉若遇〻其新精微昶于刻勵之餘而向所為即之遼〻者恍然知途〻其故〻丘寧遂忘思勉之步乎乃育于其內而陶融身〻斯之致

有欲抑而不得者殊未覺天地間何事足以留吾懷也喜焉而忘

發憤之樂也兩境之互乘止是一機之相引一心之常致自覺餘

想之悉觸女不能道我憤也亦見我忘食時乎女不能道我樂也

亦見我忘憂時乎蓋有所不忘乎彼必轉有或忘乎此者々腹亦

移情之具悲憫脊隳志之端也丘循々于憤樂而餘俱有所不暇

曾何得而奪之乎人盡有憤而丘止極乎憤之致人盡有樂而丘

止極乎樂之情此亦日在二三子耳目間也而何所秘而不傳即

勉焉乎以忘更有不忘乎他者非必甘悅足以移人嗜慾苦足以

傷人心也丘於々于憤樂而外此俱可不設更何得而易之乎極

本朝考卷蕙中集　論語

憤之致而亦猶是人之憤極樂之情而亦猶是人之樂此亦應在二十于意想間也而何所疑而不自今老矣憤樂之致始終身也而由何末之察也

寫憤樂處不矜張不浮淺可謂智足知理月來閲文多苦沆悶讀此覺清氣洒然耳聞爲之一新

發憤忘　　翼